Liebe Leserinnen, liebe Leser!

Der Fotograf ***Ernst Wrba*** *aus Wiesbaden wusste genau, wo er die schönsten Motive für diesen Bildatlas findet, er hat schon mehrfach im Odenwald fotografiert und Buchprojekte über die Region verwirklicht.*

Rita Henss *aus Frankfurt am Main ist als Journalistin und Buchautorin weltweit unterwegs und kennt den Odenwald und die Bergstraße von unzähligen Ausflügen.*

Am Rande des Odenwalds lebende Freunde luden ein: zur Wanderung auf dem Katzensteig. An einem strahlenden Oktobertag machten wir uns auf den Weg von Eberbach hinauf zum Katzenbuckel – der mit 626 m höchsten Erhebung des Odenwalds – und weiter nach Neckargerach. Die 26 km lange Strecke bot traumhafte Naturerlebnisse und immer wieder tolle Ausblicke. Wieder einmal fragte ich mich, warum wir nicht häufiger im Odenwald unterwegs sind, schließlich ist die Anfahrt von Stuttgart gar nicht so weit, und es warten viele weitere Highlights.

Viel Kultur und Freizeitspaß

Die Wichtigsten präsentieren wir Ihnen auf S. 6/7 bei den Topzielen. Immerhin kann die Region mit bedeutenden UNESCO-Welterbestätten aufwarten: den begehrten Status haben Kloster Lorsch, die Hinterlassenschaften der Römer am Limes und die sensationelle Fossilien-Fundstätte Grube Messel. Und seit 2015 darf sich auch der Geo-Naturpark Bergstraße-Odenwald „UNESCO Global Geopark" nennen. Noch auf der Bewerberliste steht die Mathildenhöhe in Darmstadt, vor 2019 ist mit einer Entscheidung jedoch nicht zu rechnen. Überhaupt haben die Städte der Region viel zu bieten: Mannheim und Schwetzingen mit ihrer Schlösserpracht und natürlich Heidelberg ...

Heidelberg – Romantik am Neckar

Unseren Wandertag im Odenwald haben wir in Heidelberg ausklingen lassen. Für mich ist es immer wieder ein Erlebnis, die Hauptstraße auf und ab zu flanieren, um schließlich bei einem Cappuccino auf dem Marktplatz, die vorbeiströmenden Touristen, Studenten und Einheimischen zu beobachten. Danach sind wir einer Empfehlung von Rita Henss gefolgt und sind im Handschuhsheimer Traditionslokal Alt Hendesse eingekehrt (s. S. 111). Im lauschigen Biergarten sitzt man im Sommer herrlich, umgeben von viel Grün. Genießen Sie Ihren Aufenthalt im Odenwald!

Herzlich

Birgit Borowski
Programmleiterin DuMont Bildatlas

Anzeige

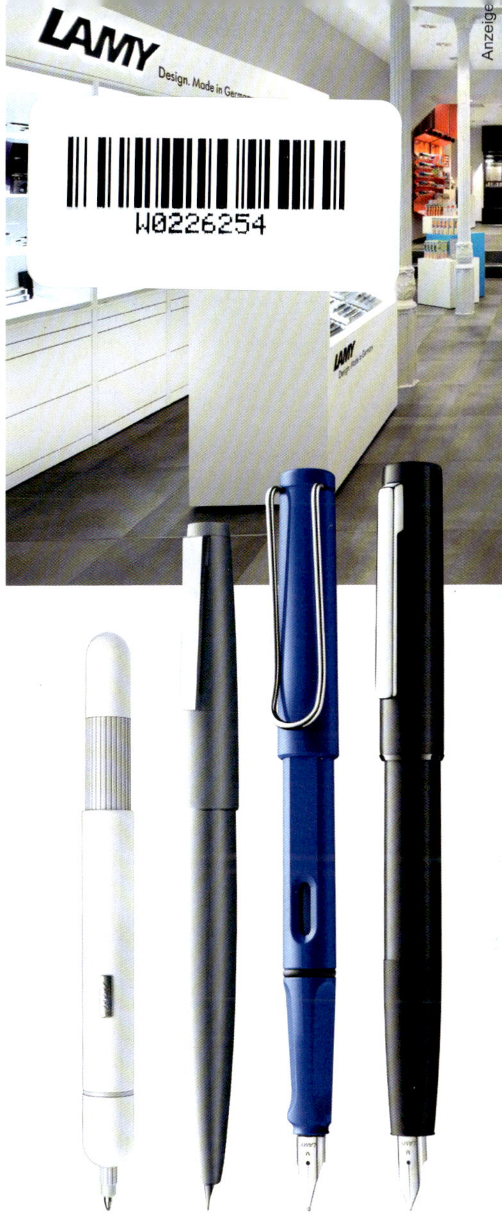

Besuchen Sie den Lamy Flagship-Store
Entdecken Sie Schreibgeräte Made in Heidelberg

Erleben Sie die Welt der Handschrift und das gesamte Lamy-Sortiment in der Heidelberger Altstadt.

Visit the Lamy Flagship-Store
Discover writing instruments Made in Heidelberg

Experience the world of writing and the entire Lamy assortment in Heidelberg's Altstadt.

www.lamy.com

HAUPTSTRASSE 160 · 69117 HEIDELBERG

22 In einer klimatisch bevorzugten Region wie der Bergstraße lässt es sich leben – gern auch bei einem Drink auf dem Marktplatz.

94 Vom Wasser aus kann man das Neckarland besonders gut erleben – ein Panorama aus gemütlichen Städten, trutzigen Burgen und farbenprächtiger Natur.

86 Engagierte Edelbrenner nutzen den Obstreichtum der Region für feine Destillate.

Impressionen

Darmstadt · Hessische Bergstraße

Westlicher Odenwald

Östlicher Odenwald

UNSERE FAVORITEN

BEST OF ...

36 Lebenserneuerung durch eine andere Formensprache – danach strebte die Darmstädter Künstlerkolonie.

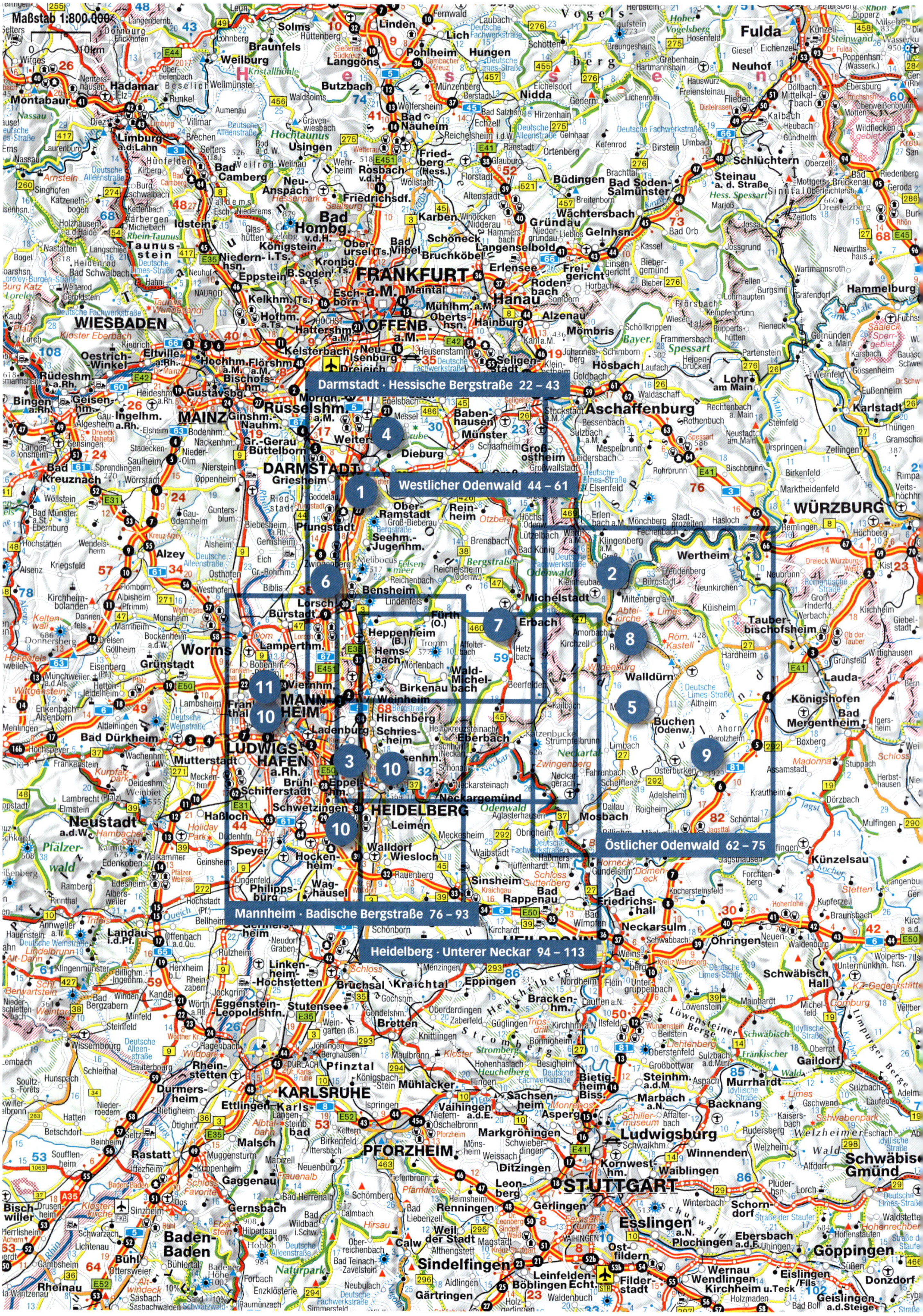

Maßstab 1:800.000
Darmstadt · Hessische Bergstraße 22 – 43
Westlicher Odenwald 44 – 61
Östlicher Odenwald 62 – 75
Mannheim · Badische Bergstraße 76 – 93
Heidelberg · Unterer Neckar 94 – 113
1
2
3
4
5
6
7
8
9
10
11
FRANKFURT a.M.
WIESBADEN
MAINZ
DARMSTADT
Aschaffenburg
WÜRZBURG
Fulda
Worms
MANNHEIM
LUDWIGSHAFEN a.Rh.
HEIDELBERG
KARLSRUHE
PFORZHEIM
STUTTGART
Ludwigsburg
Esslingen
Sindelfingen
Göppingen
Schwäbisch Gmünd
Schwäbisch Hall
Baden-Baden
Rastatt
Speyer
Neustadt a.d.W.
Bad Dürkheim
Bad Kreuznach
Bensheim
Weinheim
Michelstadt
Erbach
Eberbach
Mosbach
Walldürn
Buchen (Odenw.)
Wertheim
Tauberbischofsheim
Hanau
Offenbach
Rüsselsheim
Bad Homburg v.d.H.
Heilbronn

Topziele

Die bedeutendsten Sehenswürdigkeiten und Erlebnisse, die keinesfalls versäumt werden sollten, haben wir auf dieser Seite zusammengestellt. Auf den Infoseiten sind sie jeweils als **TOPZIEL** *gekennzeichnet.*

ERLEBEN

1 Darmstadts Mathildenhöhe: Das Jugendstilensemble ist ein Gesamtkunstwerk, das sich bei einem entspannten Bummel erleben lässt. **Seite 41**

2 Miltenbergs Fachwerk: Rund um den Marktplatz und in der Hauptstraße drängt sich Architekturvergangenheit, repräsentiert nicht nur vom „Gasthaus zum Riesen". **Seite 73**

3 Automuseum Ladenburg: Das Automuseum Dr. Carl Benz lässt mit seinen Preziosen ein Jahrhundert Automobilentwicklung erleben. **Seite 92**

NATUR

4 Grube Messel: Die Fossilienfundstätte, ein UNESCO-Welterbe, erlaubt den Blick zurück in die Zeit vor 40 Millionen Jahren. **Seite 41**

5 Geo-Naturpark Bergstraße-Odenwald: Der „UNESCO-Global Geopark" bringt Gästen Geologie, Biologie und Kultur näher. **Seite 70**

KULTUR

6 Kloster Lorsch: Die Überreste des einst bedeutenden Reichsklosters sind UNESCO-Welterbestätte. **Seite 42**

7 Erbachs Elfenbeinmuseum: Feinste alte Schnitzkunst wird im Residenzschloss ganz modern präsentiert. **Seite 60**

8 Abteikirche in Amorbach: Der Kirchenbau zeigt den Überschwang barocker Gestaltungsfreude. **Seite 74**

9 Römermuseum in Osterburken: Der Odenwald war einmal Römerland. Eine Zeitreise führt an den Limes, die mächtige antike Wehranlage. **Seite 74**

10 Die Schlösser der Kurfürsten: Mannheim, Schwetzingen und Heidelberg belegen eindrucksvoll Repräsentations- und Baulust. **Seite 91, 93, 111**

11 Mannheims Kunstmuseum: Dank herausragender Exponate kann ein Kunstbogen vom Impressionismus bis in die Gegenwart geschlagen werden. **Seite 91**

Inbegriff deutscher Romantik

Rund eine Million Besucher aus aller Welt bewundern alljährlich eine der berühmtesten Ruinen Deutschlands, aber auch die Heidelberger selbst sind stolz auf ihr prachtvolles Schloss. Das faszinierende Ensemble dokumentiert die rege Bautätigkeit der Kurfürsten, die über die Jahrhunderte immer wieder Bauten im Stil ihrer Zeit hinzufügten.

Entdeckungsreise im Wanderschritt

Als sanftes Mittelgebirge eignet sich der Odenwald hervorragend für Wanderungen aller Art. Wer mehr über die Details am Wegesrand erfahren will, geht am besten mit einem Naturpark-Ranger auf Tour – etwa mit dem Geologen Michael Kauer, der hier mit unserer Bildatlas-Autorin und einer Gruppe Geologie-Interessierter bei Wald-Michelbach unterwegs ist.

Prachtvolles Zeugnis kurfürstlicher Macht

Nicht nur Schloss Schwetzingen – Ende des 17. Jahrhunderts in mehreren Bauabschnitten errichtet und seit mehr als einem halben Jahrhundert renommierte Festspielstätte – spiegelt die Geschichte der Territorialherrschaften im Odenwald. Zahlreiche Großherzöge, Grafen und Fürsten prägten die bereits von den jungsteinzeitlichen „Bandkeramikern" und später lange Zeit von Kelten und Römern besiedelte Region und hinterließen, wie diese Frühvölker, ihre meist eindrucksvollen architektonischen Spuren.

Kultur in vielerlei Varianten

Das 2014 neu strukturierte Hessische Landesmuseum in Darmstadt, zu dessen Sammlungen aus mehr als drei Jahrhunderten auch Zeitgenössisches wie die Büsten von Antonio López García und die Plastik „Woman leaning against Wall“ von John de Andrea zählen, ist sicher das Flaggschiff der facettenreichen Kunstlandschaft des Odenwalds.

Augenfutter und Gaumenschmaus

Wenn Fachwerk und barocker Fassadenschwung auf traditionsreiche Gastronomie treffen – wie hier am Marktplatz von Heppenheim –, kommen sowohl Kulturinteressierte als auch Freunde fröhlichen Tafelns und lokaler Wein- oder Bierspezialitäten auf ihre Kosten. Gut bewacht vom Glockenturm des Fachwerkrathauses.

Zeitreise rückwärts

Schon aus weiter Ferne laden die beiden Türme von Schloss Auerbach bei Bensheim zum Besuch der gut erhaltenen, frei zugänglichen Ruine ein. Allein schon der eindrucksvolle Blick über den Odenwald und die Rheinebene lohnt einen Abstecher. Wer mag, kann hier zudem auf Zeitreise gehen: Die einst größte und wichtigste Burg an der Bergstraße dient heute als malerische Kulisse für allerlei Mittelalterspektakel.

Besondere Schlemmeradressen

So schmeckt die Region

Ob rustikal oder fein, auf dem Kaufhausdach oder im jahrhundertealten Fachwerkambiente, ob Wand an Wand mit einer kleinen Brauerei oder mit eigener Rinderherde auf der Weide – der Odenwald birgt in Sachen Gastronomie eine Fülle von Überraschungen. Regionale Produkte spielen meist eine wichtige Rolle.

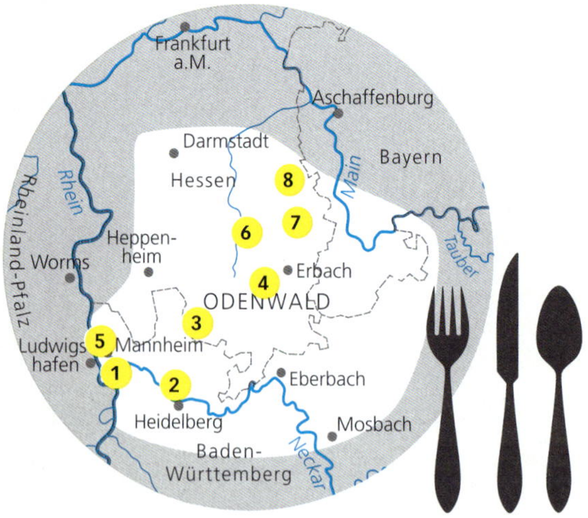

1 Sterneküche auf dem Kaufhausdach

In der obersten Etage des Mannheimer Engelhorn-Shopping-Imperiums geht es, wie in vielen ähnlichen Etablissements, vorwiegend ums Essen. Insgesamt vier Restaurants liegen hier dicht beieinander – eines davon, das Opus V, wird sogar von gleich zwei Michelin-Sternen gekrönt. Regionale und saisonale Produkte bilden hier die Basis einer authentischen, kreativen Gourmetküche in entspanntem Ambiente.

Opus V, Engelhorn – Mode im Quadrat (6. Etage), O5, 9–12, 68161 Mannheim, Tel. 0621 1 67 11 55, www.restaurant-opus-v.de

2 Nachhaltig beim Demokraten

Käse vom Hofgut Oberfeld in Darmstadt, Schinken, Wurst und Bier aus der Region, der Kuchen wird täglich frisch und eigenhändig aus Biozutaten gebacken – das Burkardt im Friedrich-Ebert-Haus achtet bei seinem Angebot sehr auf Nachhaltigkeit, Frische und Qualität. Die gemütliche kleine Lokalität mit netter Terrasse ist sowohl Weinstube als auch Bistro; ausgesuchte Kulinaria können auch für zu Hause erworben werden.

Weinstube Café Burkardt, Untere Straße 27, 69117 Heidelberg, Tel. 06221 16 66 20

3 Bison aus eigener Zucht

Burger vom eigenen Galloway-Rind oder Carpaccio vom Bison aus der Hausherde, Stangenspargel in der Bärlauchcrêpe oder pochiertes Landei mit Trüffel – auf dem Lammershof kommt sowohl in der ländlichen Kachelofenstube als auch im Gourmetrestaurant viel Regionales auf den Tisch. Das denkmalgeschützte, aufwendig um- und ausgebaute Familienanwesen aus dem Jahr 1709 umfasst inzwischen auch einen schönen Terrassengarten und elf Hotelzimmer.

Lammershof, Abtsteinacher Straße 2, 69488 Birkenau-Löhrbach, Tel. 06201 84 50 30, www.lammershof.de

4 Bierisch bis zum Brot

Selbstverständlich dreht sich in einem Brauereigasthof alles um den Gerstensaft, aber dass sogar ein Treberbrot aufgetischt wird, findet man eher selten. Im dezent modernisierten Gasthof der Privatbrauerei Schmucker begleitet die herzhafte Spezialität der Erbacher Landbäckerei Knierim die Vesperwurst und den Schinken aus eigener Schlachtung, den Braumeisterteller oder auch das Kochkässchnitzel. Wildschwein und Hirsch stammen aus eigener Jagd.

Brauereigasthof Zum Hirschwirt,
Hauptstraße 91,
64756 Mossautal,
Tel. 06061 9 41 10,
www.brauereigasthof-hirschwirt.de

5 Feines und Frisches

Seit über 30 Jahren steht im Dobler's die hohe Qualität der regionalen Produkte im Mittelpunkt – auf künstliche Aromen und „Convenience Food" wird hier komplett verzichtet. Modern-elegant das Ambiente, ansprechend die kleine Karte klassisch-mediterraner Spezialitäten wie „Loup de mer, geschmorte Kalbsbäckchen oder Mohnmousse-Cannelloni, dazu erlesene Weine. Kein Wunder, dass der Michelin-Stern nicht lange auf sich warten ließ…

Dobler's,
Seckenheimer Str. 20,
68165 Mannheim,
Tel. 0621 1 43 97,
www.doblers.de

6 Echt Odenwald mit Apfelfaible

Vater und Sohn Treusch bekennen sich kulinarisch eindeutig zum Odenwald. Als Mitbegründer der „Odenwald-Gasthaus"-Kooperation widmen sie sich vor allem dem Apfel und der Kartoffel in vielerlei Varianten. Das reicht vom eigenen Apfelsherry über den Schweinebauch mit Apfelsenf bis zum „Ebbelwoi-Hinkelsche" in hausgemachtem Apfelwein oder von den gefüllten Kartoffelklößen über das Kartoffeleis bis zum holzfassgereiften Kartoffelbrand.

Treuschs Johanns-Stube,
Rathausplatz 2,
64385 Reichelsheim,
Tel. 06164 22 26, www.treuschs-schwanen.com

7 Ehrliche Fleischeslust

Steffen Urich ist Metzger aus Leidenschaft. Der Mittvierziger mit Meistertitel schlachtet selbst, und zwar ausschließlich Tiere von Odenwälder Bauernhöfen. Es macht ihm „einfach Spaß, ehrliche Lebensmittel herzustellen". Weil er mit der Zeit geht, gibt es in seiner Landmetzgerei neben Traditionellem auch Dry Aged Beef und Pork aus der Region. Außerdem bietet er frisch gekochte Mittagsgerichte an, etwa Spanferkelbraten mit Gemüse oder Filetpfanne mit Spätzle.

Landmetzgerei Urich,
Schlossplatz 11,
64732 Bad König,
Tel. 06063 91 22 80,
www.landmetzgerei-urich.de

8 Sinfonie der Region

Moderne Eleganz im Restaurant, zeitgemäß Rustikales in der Stube: In der Krone hat Regionales zwei Gesichter, beim Ambiente wie auf dem Teller. Das gehobene Menü begnügt sich mit der Auflistung der Zutaten, etwa Lammrücken/Bohnen/Bärlauch, Hüttenthaler/Apfel, Waldmeister/Rhabarber/Salzkaramell. Bei der bodenständigen Variante „aus Feld und Garten" findet man Kreationen wie Spargel/Schwarzreis/Curry-Kokos. So oder so überzeugt das Küchenteam mit seinen Kompositionen.

Zur Krone, Rondellstraße 20,
64739 Höchst-Hetschbach,
Tel. 06163 93 10 00,
www.krone-hetschbach.de

Ein erster Hauch von Italien

Kaiser Karl dem Großen sowie einer Reihe von Landgrafen und Großherzögen verdankt die Region zwischen Darmstadt und Lorsch ihre eindrucksvolle Baukultur. Die Natur gibt sich fast mediterran. Neben Reben gedeihen im milden Klima der Bergstraße Mandeln und Kiwi. „Hier fängt Deutschland an, Italien zu werden“, soll der Habsburger Kaiser Joseph II. bei einem Besuch ausgerufen haben. In der Grube Messel beweisen Fossilien, dass hier vor Millionen Jahren sogar tropische Verhältnisse herrschten.

Hessisches Landesmuseum Darmstadt: In der Gemäldegalerie hängen alte und neue Meister einträchtig beieinander.

Darmstadts Staatstheater, erst vor wenigen Jahren grundlegend erneuert, kann auf eine mehr als 300-jährige Spieltradition zurückblicken.

Das nach schwersten Zerstörungen 1944 wiederhergestellte Stadtschloss – hier das Südportal – beherrscht den Darmstädter Marktplatz.

1902 wurde am Wilhelminenplatz das Denkmal für die Großherzogin Alice eingeweiht.

Die von Friedensreich Hundertwasser entworfene Wohnanlage „Waldspirale" wurde im Jahr 2000 fertiggestellt – den Vorstellungen des Künstlers entsprechend ohne rechte Winkel.

Darmstadt steht schon seit Langem für architektonisch Ungewöhnliches.

Sein bekanntestes Bildnis – von einem französischen Freund gezeichnet und kaum größer als eine Briefmarke –, Originalzeugnisse aus dem Geburtsbuch des Rheindörfchens Goddelau oder ein Blatt des „Woyzeck"-Manuskripts: Darmstadt bot einiges auf zum 200. Geburtstag seines wohl berühmtesten Sohnes, des Dichters, Revolutionärs und Naturwissenschaftlers Georg Büchner. Die große Gedenkausstellung für den Chirurgensohn, der seinerseits Medizin studierte, wurde im Darmstadium ausgerichtet. Das nach einem künstlich erzeugten chemischen Element benannte Wissenschafts- und Kongresszentrum ist eines der jüngsten Bauwerke der Stadt, ebenso mutig und umstritten wie einst der nun darin geehrte Büchner.

Darmstadt steht schon seit Langem für architektonisch ungewöhnliche Bauten. Die Künstlerhäuser der Mathildenhöhe dokumentieren das ebenso wie Friedensreich Hundertwassers kunterbunte „Waldspirale". In den 1960er-Jahren entwickelten die Architekten des Hochschulbauamts sogar ein eigenes „Darmstädter Bausystem". Auf der Basis von Fertigteilen bot es große Flexibilität und Erweiterungsmöglichkeiten. Eingesetzt wurde es vor allem für die neue Universitätsanlage auf der Lichtwiese. Als Paradebeispiel für das neue Baukonzept mit stapelbaren Geschossen gilt das Gebäude des Fachbereichs Architektur.

Frisches Grün im Graben

Johann August Schnittspahn hätte sich bestimmt gefreut. Denn exakt 200 Jahre nachdem er als Hofgärtner Ludwigs I., des Großherzogs von Hessen, im ehemaligen Darmstädter Schlossgraben mit der Anlage eines Botanischen Gartens begonnen hatte, wurde dort erneut ein Park eingeweiht. Gestaltet von der Technischen Universität, birgt er unter seinen rund vierzig Pflanzenarten einige, die auch Schnittspahn bereits kultivierte: die Waldhortensie zum Beispiel, die Rote Spornblume oder die erlenblättrige Zimterle. Die nach historischem Vorbild bepflanzten Beete liegen direkt an der Schlossmauer, in unmittelbarer Nähe des neu geschaffenen Teiches. An dieser Stelle ist der seinerzeit auf Geheiß des Großherzogs trockengelegte Schlossgraben besonders breit.

Der von Schnittspahn nach Plänen des Botanikers Johannes Hess angelegte Botanische Garten fand sich dort allerdings nur rund zwei Jahrzehnte. Dann zog er mehrfach um, bis er 1874 sein heutiges Domizil auf dem Biocampus nahe der Lichtwiese einnahm. Schnittspahns Schlossgrabenanlage hin-

Eine lange Geschichte an wechselnden Orten hat Darmstadts Botanischer Garten (ganz oben).
Das Ernst-Ludwig-Haus auf der Mathildenhöhe wurde von der Künstlerkolonie errichtet (oben).

Henry van de Velde entwarf diesen Schreibtisch, der heute im Hessischen Landesmuseum Darmstadt steht.

Die Russische Kapelle auf der Mathildenhöhe ließ das Zarenhaus bis 1899 auf herangekarrter russischer Erde errichten, um bei Besuchen in Darmstadt nicht auf orthodoxe Gottesdienste verzichten zu müssen. Die letzte Zarin war eine gebürtige Prinzessin von Hessen-Darmstadt.

gegen verkümmerte; nach 1945 lagerte hier sogar jahrelang Kriegsschutt. Als der aktuelle Direktor und wissenschaftliche Leiter des Botanischen Gartens das rekonstruierte Ursprungsareal am Schloss im Sommer 2014 vorstellte, trug er bei der Führung übrigens eine ähnliche Uniform wie einst sein Vorgänger Schnittspahn.

Urzeitschätze

Die Eisenbahn war schuld. So erzählt es jedenfalls die Diplombiologin Christine Hogefeld auf dem Weg zwischen dem Besucherzentrum der Grube Messel und deren mächtigem Gittertor. „Als man im 19. Jahrhundert die Rhein-Main-Bahn im Abschnitt zwischen Mainspitze und Darmstadt bauen wollte, entdeckte man die Bodenschätze von Messel. Eine Erzschicht, eine Kohleschicht und schließlich den Ölschiefer.“ 1858 wurde die neue Eisenbahnstrecke eingeweiht, ein Jahr später begann die Bergbaugeschichte der Grube Messel. Ende des Jahrhunderts standen 32 riesige Öfen auf dem Gelände, um den Schiefer zu erhitzen und Öl zu gewinnen. Noch 1920 lieferte Messel vierzig Prozent der deutschen Rohölproduktion. „Schon 1875 wurde aber auch das erste fossile Krokodil auf dem Grubenareal entdeckt.“

Knapp hundert Jahre später wurde der Förderbetrieb eingestellt. Ungeach-

Das Hessische Landesmuseum Darmstadt punktet mit Vielfalt: von Prunkrüstungen über Mammutskelette oder das 800-jährige Darmstädter Turmreliquiar aus Köln bis zu den Kunstwerken im „Block Beuys" (rechts).

Die Gemäldegalerie im Hessischen Landesmuseum zeigt Malerei und plastische Kunst unterschiedlicher Epochen.

Special

Wella und seine Sammlungen

Kosmetikmillionen für Kunst

Sie verdienten ihr Geld mit dem weiblichen Streben nach Schönheit: Haarpflege, Kosmetik und Düfte brachten der Familie Ströher in gut hundert Jahren ein beachtliches Vermögen ein. 2003 ging die Firmenmehrheit für 6,6 Milliarden Euro an den amerikanischen Konsumgüterkonzern Procter & Gamble. Die wahre Leidenschaft der Familie aber gilt traditionell der Kultur.

So errichteten die Nachfahren des Friseurs und Wella-Gründers Franz Ströher nicht nur ein Firmenmuseum am langjährigen Darmstädter Hauptsitz, sie bauten auch großartige Kunstsammlungen auf. Karl Ströher etwa erregte bald nach der Übernahme der „Haartüllfabrikation" seines Vaters Aufsehen mit seiner Pop-Art-Kollektion, die er 1970 in Teilen dem Hessischen Landesmuseum überließ. Sie wurde allerdings – bis auf den „Block Beuys" und etwa hundert grafische Skizzen – zurückgezogen.

Sylvia Ströher, eine Enkelin des Wella-Gründers, besitzt rund 1500 Kunstwerke der deutschen Nachkriegszeit (u.a. von Anselm Kiefer, Jörg Immendorff und Georg Baselitz), die im Duisburger Museum Küppersmühle ausgestellt sind. Gisa Sander, ebenfalls Ströher-Erbin, blieb Darmstadt treu, obwohl sie ihr Stifter-Museum wegen heftigen Widerstands einer Bürgerinitiative nicht wie geplant auf der Mathildenhöhe verwirklichen konnte. Inzwischen erwarb das Ehepaar Sander für seine Sammlung aber ein Gebäude zwischen Kunsthalle und Landesmuseum, das sich nun im Umbau befindet.

Das Hessische Landesmuseum erhielt 2013 die Exponate rund um das Thema Schönheit des mittlerweile geschlossenen Wella-Museums, das sich dem Friseurhandwerk und seiner Tradition gewidmet hatte und den Grundstock einer Ausstellung zum 135. Geburtstag von Wella bildete.

tet jahrelanger wissenschaftlicher Mahnungen und Widerständen von Bürgerinitiativen sollte auf dem Gelände des 47 Millionen Jahre alten, einst inmitten eines paratropischen Regenwaldes liegenden Maarkratersees eine Mülldeponie entstehen. Allein ein fehlerhaftes Planfeststellungsverfahren brachte das Projekt zu Fall.

Die UNESCO erklärte Messel 1995 zum Weltnaturerbe, und die Paläontologen entdecken immer mehr fossile Schätze. „Alle sind gut erhalten, weil es kaum Strömungen gab, somit keinen Sauerstoff und nur anaerobe Bakterien auf dem Boden des Gewässers." So wurden die Urzeit-Lebewesen im Faulschlamm in hervorragendem Zustand konserviert – inklusive Mageninhalt, wie etwa beim Urpferdchen, das offenbar Lorbeerblätter und Weintrauben liebte. Und mit origineller Farbenpracht, wie Käferfossilien beweisen.

Staunend nehmen wir einige der schwarz glänzenden Versteinerungen in die Hand, die unser Guide am Ende der Führung präsentiert. Meist werden die Objekte in Wasser aufbewahrt, da der Ölschiefer an der Luft rasch austrocknet. 47 Millionen Jahre alte Fische und Ameisenflügel! Da werden sogar die beiden lebhaften Jungs in der Besuchergruppe plötzlich ganz still ...

Winzer Petermann bei der Arbeit in seinem Weinberg. Im Anbaugebiet der Odenwälder Winzergenossenschaft in Groß-Umstadt gedeiht auch Merlot.

Keine Holzfassromantik – der Weinkeller der Winzergenossenschaft in Groß-Umstadt wirkt eher technisch-nüchtern.

Mit den Odenwaldhöhen im Hintergrund: Weinberge bei Groß-Umstadt

Der Weinbau ist in Umstadt seit bald 1250 Jahren belegt.

Der aristokratischen Sehnsucht nach dem – allerdings komfortablen – Landleben ist das Fürstenlager von Auerbach zu verdanken. Das Lautertaler Felsenmeer dagegen entstand durch eine Laune der Natur. An Bensheims Hauptstraße lädt der kleine Platz am Hospitalbrunnen zur Geselligkeit ein. Als Jagddomizil wurde Kranichstein von den hessischen Landgrafen geschätzt (im Uhrzeigersinn).

Reben seit der Römerzeit

„Noch ein wenig sauber machen vor dem Spritzen", lacht der Mann auf der Leiter und dünnt mit gekonntem Griff die üppig rankenden Reben an der Fassade seines Weinberghäuschens aus. Spritzen? „Na klar, aber nur mit Backpulver, Anis, Brennessel- oder Schachtelhalmextrakt. Wir haben vor mehr als zehn Jahren auf Bio umgestellt." Das war, als Sohn Andreas Petermann von seinem Vater dessen Parzellen auf der „Odenwälder Weininsel" Groß-Umstadt übernahm. „Inzwischen gibt es in der Gemarkung sechs Ökowinzer", schmunzelt Petermann senior. Und erzählt, dass der durch einen römischen „Traubenstein" belegte, im Mittelalter als „bedeutsam" verbriefte Weinbau ab dem 17. Jahrhundert deutlich einbrach. „Die Rebstöcke mussten Ackerland weichen, und ihre Beeren wurden durch neue Krankheiten drastisch dezimiert." Heute entspricht die Rebfläche mit rund achtzig Hektar etwa wieder der frühen historischen, und in den fünf Lagen Umstädter Stachelberg, Steinge-

Die Rebstöcke mussten Ackerland weichen.

rück, Herrnberg, Roßdorfer Roßberg und Dietzenbacher Wingertsberg wächst eine beachtliche Traubenvielfalt: zwanzig weiße Sorten, wie Grüner Silvaner, Kerner, Bacchus und Johanniter, sowie fünfzehn Rotweine, darunter Schwarzriesling und Blauer Spätburgunder. Die Rarität Roter Riesling zählt ebenfalls zur Palette; der weiß im Glas funkelnde Wein wird sonst vor allem an der Hessischen Bergstraße gekeltert.

Das Gros der Umstädter Winzer bestellt ihre Wingerte im Nebenerwerb; das Keltern und Abfüllen übernimmt in den meisten Fällen die Genossenschaft. Sie zählt rund hundert Mitglieder und trägt den Namen „Vinum autmundis" – abgeleitet von autmundisstat, dem ältesten bekannten Namen Groß-Umstadts aus dem Jahr 766.

Die Königshalle von Kloster Lorsch gehört zu den ältesten Baudenkmälern in Deutschland. Die Festspiele Heppenheim im Kurmainzer Amtshof sind ein beliebtes sommerliches Theaterfestival. Rauchutensilien zeigt das Lorscher Tabakmuseum (im Uhrzeigersinn).

Fachwerk umgibt den Marktplatz von Heppenheim.

Lange Zeit lag der traditionelle Tabakanbau rund um Lorsch komplett darnieder. Erst 2013 wurde wieder eine kleine Ernte eingefahren.

Berge und Täler

Fast mediterran mutet die Landschaft der Bergstraße an, wenn der Frühling schon im März die Mandelbäume erblühen lässt, das Obst sich wenig später mit zarten Blütenfarben ankündigt und junges Rebengrün sprießt. Und tatsächlich ist das Meer nicht weit, allerdings birgt es kein Wasser, sondern Wogen aus Fels. Schon römische Steinmetze nutzten den Lautertaler Quarzdiorit. Die „bergstrasen", wie die eigentlich zwei Trassen zwischen Darmstadt und den südlichen Neckargestaden seit dem Mittelalter heißen, wurden bereits in römischer Zeit als Handels- und Militärroute genutzt. In Heppenheim entdeckte man in den 1950er-Jahren Reste der alten Pflasterung. Den Ort selbst erwähnt der Lorscher Codex erstmals im 8. Jahrhundert. Ähnliches gilt für das benachbarte Bensheim und die meisten Burgen.

Köstlicher Rauch

Auf dem Lorscher Frühlingsmarkt feierte sie 2014 Premiere: Lorsa Brasil, nach vielen Jahren die erste Zigarre aus heimischer Produktion. Lange Zeit lag der traditionelle Tabakanbau rund um die berühmte mittelalterliche Klostergründung komplett darnieder; erst 2013 konnten die Lorscher wieder eine kleine Ernte einfahren. Den Anstoß zur Wiederbelebung der 300-jährigen lokalen Tabak- und Zigarrenkultur gab ein Bürgerprojekt. Monatelang kümmerten sich engagierte Lorscher – übrigens fast alle Nichtraucher – um die Aufzucht der neuen, binnen fünf Monaten über zweieinhalb Meter aufschießenden Pflanzen. Das Ergebnis: eine 14 Zentimeter lange, 16 Millimeter dicke Corona, im Fachjargon als Shortfiller betitelt, da ihr Innenleben aus verschiedenen Schnitt- und Reißtabaken besteht. Bei der Lorsa Brasil wurde mehr als die Hälfte der Füllung aus den kostbaren Sandblättern der Lorscher Sorte Geudertheimer gewonnen.

Die limitierte Edition von 600 Schachteln mit jeweils fünf Zigarren war rasch ausverkauft, ebenso wie eine kleine Nachlieferung. Ein schöner Auftakt auch für die Wiedereröffnung und museale Erweiterung des frühmittelalterlichen Klosterareals nach etwa dreijähriger Überarbeitung. Mehr als zwölf Millionen Euro wurden dafür in die erste Odenwälder UNESCO-Welterbestätte investiert. Das Thema Tabak nimmt in Lorsch seit der Premiere 2014 nicht nur bei der herbstlichen Kirmes mit entsprechenden Genuss-Seminaren sowie Zigarrenrollern und Rhythmen aus Kuba wieder mehr Raum ein. Bereits seit 2015 werden aus der Ernte jährlich rund 10 000 Lorsa Brasil gerollt.

JUGENDSTIL

Zukunftsformen mit floralem Schwung

Auf der Darmstädter Mathildenhöhe erblühte dank Großherzog Ernst Ludwig im jungen 20. Jahrhundert eine weithin stilbildende Künstlerkolonie.

Südamerikanische Klänge durchdringen die laue Mainacht, an der Absinthbar herrscht dichtes Gedränge, Hunderte von Lampions sorgen für magisches Licht – und über allem leuchtet in feurigem Rot der Hochzeitsturm. Darmstadt feiert mal wieder seine Jugendstiltage, eine Reminiszenz an die Lichterfeste in den Zeiten der Künstlerkolonie auf der Mathildenhöhe.

Die Zukunft im Blick

Initiator des Kolonieprojekts war einst Ernst Ludwig, der letzte Großherzog von Hessen-Darmstadt. Als persönliche Antwort auf die zunehmende Massenfertigung von Gebrauchsgegenständen berief der Regent 1899 unter dem Motto „Mein Hessenland blühe und in ihm die Kunst“ ein gutes halbes Dutzend junger Künstler und Kunsthandwerker an seinen Hof. Unter der Federführung des in Wien ausgebildeten Architekten Joseph Maria Olbrich suchten sie als „Markstein auf dem Wege der Lebenserneuerung“ sowohl im Bauen als auch in Sachen Ausstattung und Dekoration nach einer Form, „welche nicht der heutigen gewohnten Art entspricht, sondern weit vorauseilt und Zukünftiges miteinschließt“.

Bereits 1901 fand die erste Ausstellung der Künstlerkolonie statt. Die fünfmonatige Schau mit dem Titel „Ein Dokument deutscher Kunst“ wurde mit einem Festspiel nach einer Idee des Malers und Architekten Peter Behrens eröffnet. Sie umfasste sowohl die acht individuellen, komplett durchgestalteten Künstlerhäuser als auch das Atelierhaus (Ernst-Ludwig-Haus) nach Plänen von Olbrich sowie einige später wieder abgetragene Holzbauten wie das „Haus der Flächenkunst“ oder das „Spielhaus“. Obwohl das Ensemble weit über die Grenzen Darmstadts hinaus großes Aufsehen erregte, stand am Ende der halbjährlichen Schau ein beachtliches finanzielles Minus.

Ende und Wiederentdeckung

Paul Bürck, Hans Christiansen und Patriz Huber verließen daraufhin die Kolonie; drei Jahre später kehrten auch Peter Behrens und Rudolf Bosselt Darmstadt den Rücken. Bürck hatte in der ersten Kolonieschau Gemälde, Zeichnungen, Schmuck und buchkünstlerische Arbeiten im typischen, floral schwellenden Jugendstil präsentiert und für das Ausstellungsrestaurant ein Porzellanservice mit schwarz-weißer Ornamentik geschaffen. Überdies war im Atelierhaus die von ihm gemeinsam mit Patriz Huber entworfene Einrichtung seiner Wohnung zu sehen. Hans Christiansen hatte unter anderem kunstgewerbliche Möbel, Keramiken und Glasmalereien gezeigt. Als Leitmotiv für

Der Hochzeitsturm auf der Mathildenhöhe ist innen und außen mit Mosaiken von Friedrich Wilhelm Kleukens geschmückt. „Die Treue“ (linke Seite) und „Der Kuss“ (ganz oben) zieren die Eingangshalle, die Sonnenuhr findet sich an der Südfassade.

Der anlässlich der Vermählung des Großherzogs errichtete Hochzeitsturm wird auch Fünffingerturm genannt.

„Mein Hessenland blühe und in ihm die Kunst.“ Großherzog Ernst Ludwig

Das „Ernst-Ludwig-Haus“ (ganz oben) als gemeinschaftlich genutztes Ateliergebäude sowie das „Haus Deiters“ für den Geschäftsführer der Künstlerkolonie wurden nach Plänen von Joseph Maria Olbrich gebaut.

sein Haus hatte Christiansen die Rose gewählt.

Bis 1914 gestalteten die verbliebenen und neu hinzukommenden Mitglieder der Darmstädter Künstlerkolonie drei weitere Ausstellungen zur Zusammenführung von Architektur, Innenarchitektur, Kunsthandwerk und Malerei. Doch während der Kriegsjahre wurden keine neuen Künstler mehr in die Kolonie berufen, und als Großherzog Ernst Ludwig 1918 abdankte, hörte sie faktisch auf zu existieren. Formell wurde das Projekt 1929 aufgelöst.

Das einst viel diskutierte Ensemble mit seinen rund zwanzig Gebäuden geriet aus dem Fokus, obgleich die Ausstellungstätigkeit mit ambitionierten Kunstschauen wie der Jahresschau der Darmstädter Sezession stets weiterlief. Erst die große Retrospektive „Ein Dokument Deutscher Kunst 1901–1976“ brachte der Künstlerkolonie neue Wertschätzung in der Öffentlichkeit.

Bewerbung für die Welterbeliste

Inzwischen steht das Jugendstilensemble Mathildenhöhe auf der offiziellen Bewerberliste Deutschlands zum UNESCO-Weltkulturerbe – als „Weltentwurf der Moderne“, der noch heute weiterlebe in Einrichtungen wie dem Museum Künstlerkolonie, dem Designhaus (ehemals Villa Ostermann, 1907/1908 entworfen von Alfred Messel) und dem Fachbereich Gestaltung der Hochschule (im und am ehemaligen Ateliergebäude der Ausstellung von 1914). So formulierte es der Schweizer Kunst- und Architekturhistoriker Werner Oechslin in einem Gutachten. Über die Bewerbung entscheidet die UNESCO allerdings erst 2020.

Neuer Glanz

Im Sommer 2019 sollen die Restaurierungs- und Sanierungsmaßnahmen auf der Mathildenhöhe abgeschlossen werden. Das Lilienbecken von Albin Müller vor der Russischen Kirche und die Hoetger-Plastiken im Freigelände bzw. Platanenhain erstrahlen bereits in neuem Glanz. Bleibt noch die historische Ausstellungshalle, die eine energetische Modernisierung erfahren soll sowie den Rückbau ihrer in den 1970er-Jahren veränderten Ostfassade. Danach steht als Letztes die Sanierung der städtischen Künstlerhäuser (Haus Olbrich, Haus Deiters, Großes Haus Glückert) auf der Agenda.

Jugendstil

Der **Jugendstil** – in anderen Ländern bezeichnet man ihn auch als Art nouveau, Modernisme oder Modern Style – ist eine kunstgeschichtliche Epoche Ende des 19., Anfang des 20. Jahrhunderts. Entscheidend ist die Forderung nach Funktionalität. Als Dekor werden geschwungene Linien und florale Ornamente bevorzugt eingesetzt.

Im Zentrum der **Darmstädter Jugendstiltage** im Mai steht die Mathildenhöhe. **Führungen** zum Thema Jugendstil und zur Mathildenhöhe bietet u. a. die Tourismusinformation an. Das sanierte **Jugendstilbad** steht bis heute Schwimmern offen.

www.darmstadt-tourismus.de
www.jugendstilbad.de

Das Jugendstilbad am heutigen Mercksplatz entstand 1907 bis 1909 nach Plänen von August Buxbaum.

Maßstab 1:200.000
WALLDORF
MÖRFELDEN-
LANGEN (Hessen)
DREIEICH
DIETZENBACH
RODGAU
RÖDER MARK
BABENHAUSEN
Egelsbach
Erzhausen
Messel
Münster
Eppertshausen
Dieburger Mark
DIEBURG
WEITERSTADT
Büttelborn
DARMSTADT
GRIESHEIM
Roßdorf
Groß-Zimmern
GROSS-UMSTADT
Geo-Naturpark
Ober-Ramstadt
Reinheim
Otzberg
BREUBERG
Mühltal
PFUNGSTADT
GROSS-BIEBERAU
Höchst im Odenwald
Seeheim-Jugenheim
Modautal
Fischbachtal
Brensbach
Fränkisch-Crumbach
Bickenbach
Hähnlein
Alsbach-Hähnlein
ZWINGENBERG
Brombachtal
BAD KÖNIG
Lautertal (Odenwald)
Reichelsheim (Odenwald)
LINDENFELS
BENSHEIM
Bergstraße
MICHELSTADT
Einhausen
LORSCH
HEPPENHEIM (Bergstraße)
Fürth
Mossautal
ERBACH
Gras-Ellenbach
Laudenbach
Rimbach
Mörlenbach
HEMSBACH
Odenwald
Wald-Michelbach
BEERFELDEN
WEINHEIM
Birkenau
VIERNHEIM
Abtsteinach
Gorxheimer tal
1
2
3
4
5

Vom Urpferdchen zur hessischen Riviera

Die Künstlerkolonie auf der Mathildenhöhe trug Darmstadts Ruf als Jugendstilhochburg in die Welt. Der Beiname Hessische Riviera für die Bergstraße verweist auf das milde, schon von den Römern geschätzte und zum Weinbau genutzte Klima der Region, zu der das eindrucksvolle Kloster Lorsch das Eingangstor bildet.

1 Darmstadt

Jugendstil und Wissenschaft prägen Hessens ehem. Landeshauptstadt (160 000 Einw.), die bereits in mittelalterlichen Chroniken als fränkische Siedlung Erwähnung fand und ab 1567 zur Residenzstadt der Landgrafen sowie ab 1806 der Großherzöge von Hessen-Darmstadt erblühte, samt bedeutender Kunst-, Musik- und Theatertradition. Luftangriffe zerstörten ab 1940 fast die komplette Altstadt. 1946 verlor Darmstadt seinen Hauptstadtstatus an Wiesbaden.

SEHENSWERT

Weites Herz der Stadt ist seit dem 19. Jh. der (autofreie) **Luisenplatz** mit dem wiederaufgebauten Kollegiengebäude (1780) und der fast 40 m hohen Ludwigssäule. Das mehrfach zerstörte, im Renaissance- und Barockstil wiedererrichtete **Schloss** (urspr. 16./18. Jh.) beherbergt u. a. Teile der Technischen Universität Darmstadt und die Landesbibliothek.
Die Künstlerkolonie (zwischen 1899 und 1914) auf der **Mathildenhöhe** TOPZIEL mit Hochzeitsturm, Ausstellungshalle (bis mind. Anfang 2019 geschl.) und Museum (Olbrichweg 13–15, www.mathildenhoehe.eu; Di.–So. 11.00–18.00 Uhr) sowie den Wohnhäusern der Architekten und Designer gilt als wichtiges Zeugnis für den Übergang vom Jugendstil zur Moderne.

Fossilienparadies Grube Messel; Naturschutzgebiet Kühkopf, südlich von Darmstadt

MUSEEN

Neu strukturiert und konzipiert präsentieren sich seit 2014 die kunst-, kultur- und naturgeschichtlichen Sammlungen des **Hessischen Landesmuseums** (Friedensplatz 1, www.hlmd.de; Di., Do., Fr. 10.00–18.00, Mi. bis 20.00, Sa./So. 11.00–17.00 Uhr). Das **Schlossuseum** gibt Einblick in das Leben der Landgrafen und Großherzöge von Hessen-Darmstadt (Marktplatz 15, www.schlossmuseum-darmstadt.de; Führungen Fr.–So. 10.00–17.00 Uhr).

PARKS UND GÄRTEN

Als jüngstes der städtischen Grünareale wurde 2014 der urspr. schon 1814 angelegte **Schlossgrabengarten** eröffnet. Im 16. Jh. entstand der heute von englischem Landschaftsstil geprägte **Herrngarten** ein paar Schritte weiter nördlich. Den Geist des Rokoko spiegelt der anschließende **Prinz-Georgs-Garten.** 1810 begannen die Pflanzungen für die **Rosenhöhe** im Osten der Stadt, zwischen Seitersweg und Erbacher Straße, wo auch die Bauten einer zweiten Künstlerkolonie stehen. Der **Botanische Garten** kultiviert rund 9000 Pflanzenarten (Schnittspahnstr. 1, www.bio.tu-darmstadt.de/botanischergarten; April–Sept. Mo.–Fr. 7.30–19.30, Sa. 9.00–18.00, So. 9.00–12.00, sonst bis 16.00 Uhr).

HOTEL

Am nordöstl. Stadtrand liegt das elegant-moderne €€€ **Hotel Jagdschloss Kranichstein** mit Restaurant und Cafégarten (Kranichsteiner Str. 261, 64289 Darmstadt, Tel. 06151 130670, www.hotel-jagdschloss-kranichstein.de).

UMGEBUNG

Im UNESCO-Welterbe **Grube Messel** TOPZIEL (10 km nordöstl.) veranschaulichen Fossilien und interaktive Exponate mehr als 40 Mio. Jahre Erdgeschichte (Roßdörfer Str. 108, 64409 Messel, Tel. 06159 717590, www.grube-messel.de; diverse Führungen nach Anm., Besucherzentrum mit der Ausstellung „Zeit und Messel Welten" tgl. 10.00–17.00 Uhr).

Tipp

Bioversum

Naturerlebnis für Groß und Klein: Im architektonisch eindrucksvollen, 112 m langen Zeughaus des Jagdschlosses Kranichstein, im weitläufigen Gartenareal und auf einer 4,5 km langen, gut beschilderten „jagdhistorischen Pirsch" im umliegenden Buchenwald lässt sich die lokale Tier- und Pflanzenwelt im Zusammenspiel mit der örtlichen Kulturgeschichte interaktiv entdecken.

Di.–Fr. 11.00–17.00, Sa./So. ab 10.00, im Sommer bis 18.00 Uhr; Kranichsteiner Str. 253, Darmstadt, www.jagdschloss-kranichstein.de

Der Renaissancebau von **Schloss Lichtenberg** (18 km südw.; www.schloss-lichtenberg.de, Museum bis auf Weiteres geschl.) ist das Wahrzeichen der Gemeinde Fischbachtal, in deren Ortsteil Steinau das **Kleine Felsenmeer** liegt.

INFORMATION
Darmstadt Marketing, Luisenplatz 5,
64283 Darmstadt, Tel. 06151 13 45 13,
www.darmstadt-tourismus.de

2 Groß-Umstadt

Die Bedeutung des im 8. Jh. erwähnten Städtchens (20 000 Einw.) als Verwaltungssitz belegen nach wie vor zahlreiche herrschaftliche Bauten. Bis in die Antike reicht die Geschichte seiner Reben zurück; die „Odenwälder Weininsel" gehört zum Anbaugebiet Hessische Bergstraße.

SEHENSWERT
Im historischen Zentrum mit Fachwerkbauten und evangelischer **Stadtkirche** (13.–15. Jh.) fällt am Markt besonders das Renaissance-**Rathaus** ins Auge (1605). Reste der mittelalterlichen **Stadtmauer** lassen sich noch beim „Darmstädter Schloss" (überw. 18. Jh.) finden; fünf weitere solcher Adelssitze sind erhalten.

MUSEUM
Der **Gruberhof** birgt heute ein Museum für Landwirtschaft, Handwerk und Geschichte samt Café (Raibacher Tal 22, www.gruberhof-museum.de; Ostern–Mitte Okt. So. 13.00–18.00 Uhr).

VERANSTALTUNG
Mit einer öffentlichen Weinprobe beginnt um den 15. Sept. das viertägige **Winzerfest**.

UMGEBUNG
Über dem Örtchen Hering (8 km südl.) thront auf einem rund 370 m hohen Vulkankegel die mittelalterliche **Feste Otzberg** (urspr. um 1100) mit dem Museum hessischer Volkskultur (www.rolf-tilly.de; Sa.–Mo. 11.00–18.00 Uhr). Die einstige Vogteiburg bietet grandiose Ausblicke.

INFORMATION
Stadtmarketing, Markt 1,
64823 Groß-Umstadt, Tel. 06078 78 12 61,
www.gross-umstadt.de

3 Bensheim

Fachwerkhäuser und Adelshöfe prägen den Kern des 765 erstmals erwähnten Städtchens (40 000 Einw.) an der Hessischen Bergstraße. Bereits in vorrömischer Zeit besiedelt, am Saum von Weinbergen und waldreichen Hügeln gelegen, konnte Bensheim große Teile seiner mittelalterlichen Bausubstanz bewahren.

SEHENSWERT
Am **Marktplatz** mit dem Georgsbrunnen stehen zahlreiche restaurierte Bauten des 15. bis 17. Jh., darunter das einstige **Gasthaus zur Armbrust**, das schmale **Hochzeitshaus** sowie

Weinlage Herrnberg in Groß-Umstadt; Meerschaumpfeife im Tabaksmuseum Lorsch; Mandelblüte in den Heppenheimer Weinbergen

ein markantes Fachwerkbautrio dreier Handwerker. Der im Urspr. mittelalterliche Lorscher Klosterhof birgt das **Stadtmuseum** (Marktplatz 13, www.stadtkultur-bensheim.de; Do./Fr. 15.00–18.00, Sa./So. ab 12.00 Uhr). An die einst wehrhafte Stadtbefestigung erinnert der **Rote Turm** (urspr. 13. Jh.). Ein schöner Blick auf die Stadt bietet sich vom tempelartigen **Kirchberghäuschen** (1857; östl.) mit Gartenlokal.

RESTAURANT
Deftig geht es im **€€ Walderdorffer Hof** zu. Im Gastgarten des Fachwerkbaus von 1470 ist noch ein Stück Stadtmauer zu sehen (Obergasse 30, Tel. 06251 48 88, www.knapps.de; Di. bis Sa. ab 18.00, So. ab 17.00 Uhr und auch mittags).

VERANSTALTUNGEN
Auf dem Marktplatz finden u. a. der Wochenmarkt und das **Bergsträßer Winzerfest** statt (ab dem 1. Sept.-Wochenende).

UMGEBUNG
Keimzelle des **Fürstenlagers** in Auerbach (nördl.) war ein „Gesundbrunnen", um den zunächst vereinzelte Gebäude entstanden. 1790 beschloss Landgraf Ludwig X., das Areal zum regelmäßigen Sommersitz zu erweitern. Die dorfartige Hof- und Parkanlage mit Kavaliers-, Prinzen-, Damen- und Fremdenbau (Dauerausstellung; April–Okt. Sa., So. 12.00–18.00 Uhr), Wachen und Remisen ist fast unverändert erhalten, umgeben von einem 42 ha großen Park. Das **Auerbacher Schloss**, im 13. Jh. von den Grafen zu Katzenelnbogen erbaut, war einmal größte und wichtigste Burg an der Bergstraße. Heute finden dort Rittermale und mittelalterliche Spektakel statt (www.schloss-auerbach.de). Höfe und Gärten in Auerbach öffnen sich Mitte Juli zum Bachgassenfest (www. bachgassenfest.de). Mehrere Hundert Werkstücke, darunter eine Säule von 9 m Länge, hinterließen die Römer im **Felsenmeer** (12 km nordöstl.). Auch die Natur formte in der durch Verwitterung entstandenen Steinlandschaft oberhalb von Lautertal-Reichenbach imposante Skulpturen.

INFORMATION
Tourist-Information im Bürgerbüro,
Hauptstr. 39, 64625 Bensheim,
Tel. 06251 5 82 63 14, www.bensheim.de

4 Lorsch

Erstmals 764 erwähnt, verdankt das „Tor zur Bergstraße" (13 000 Einw.) seine Blüte vor allem der Gründung eines Benediktinerklosters zu Zeiten Karls des Großen. Bis Mitte der 1980er-Jahre war Lorsch vom Tabakanbau geprägt.

SEHENSWERT
Am Rand der kleinen Altstadt mit von Fachwerkbauten und **Altem Rathaus** mit Glockenturm (1715) umstandenem **Marktplatz** erstreckt sich die UNESCO-Welterbestätte **Kloster Lorsch** TOPZIEL. Die urspr. karolingische Abtei war eines der größten und bedeutendsten mittelalterlichen Reichsklöster in Deutschland (1556 aufgehoben). Seit 2014 sind die ergrabenen Reste des Mutterklosters **Altenmünster** mit der berühmten Königshalle und der später errichteten Benediktinerabtei auf dem 800 m entfernten Klosterhügel landschaftsarchitektonisch verbunden. Zudem befindet sich auf dem neu gestalteten Klostergelände das archäologische Schaudepot in der **Zehntscheune** sowie das **Freilichtlabor Lauresham.** Letzteres ist einem karolingischen Gutshof nachempfunden und dient der Forschung in den Bereichen Ackerbau (alte Getreidesorten), Viehzucht (Rassen) und Handwerk (www.kloster-lorsch.de).

Tipp

Schattenrisse

Über 150 Scherenschnitte des Künstlers und Puppenspielers Albert Völkl leuchten nach Einbruch der Dunkelheit aus den Straßenlaternen der Heppenheimer Altstadt herab: Motive aus hessischen Sagen, darunter auch jene vom Hund Melampus, der angeblich seit Jahrhunderten als Schutzgeist auf der Heppenheimer Starkenburg erscheint.

MUSEUM
Unter dem Dach des **Museumszentrums** (MUZ, Nibelungenstr. 35, www.kloster-lorsch.de; Di.–So. 10.00–17.00 Uhr) finden sich Exponate zur Klostergeschichte und zum Tabak(anbau).

VERANSTALTUNG
Auch bei der traditionellen **Lorscher Kerb** (Mitte Sept.) spielt der Tabak eine wichtige Rolle.

RESTAURANT
Mit eigenem Bier und Brot lockt das **€€ Back- und Brauhaus Drayß** ins restaurierte Bürgerhaus von 1713 (Bahnhofstr. 1, Tel. 06251 9 89 22 34, www.back-und-brauhaus.de; tgl. ab 9.30 Uhr).

INFORMATION
Tourist Information, Altes Rathaus, Marktplatz 1, 64653 Lorsch, Tel. 06251 17 52 60, www.lorsch.de

5 Heppenheim

Bereits ab dem 13. Jh. Sitz eines Kurmainzer Amtes und lange Zeit Zentrum des Klostergebiets Lorsch, gilt das von der Starkenburg überragte Heppenheim (25 000 Einw.) als beliebtes Festspiel- und Weinstädtchen. 1948 gründete Theodor Heuss hier die FDP.

SEHENSWERT
Nach dem Stadtbrand von 1693 im Pfälzer Erbfolgekrieg erhielten die Häuser rings um den **Markt** neue Fachwerkgeschosse. Der **Gasthof Goldener Engel** war urspr. Zunftherberge der Schneider. In der **Liebig-Apotheke** ging der Chemiker und Erfinder des gleichnamigen Fleischextrakts 1818/1819 in die Lehre. Vom **Rathausturm** erklingt tgl. ein Glockenspiel. Über die Kleine Bachgasse geht es ins **Fautsche Viertel** mit einem Stelzen- und dem früheren Armenhaus (heute Konservatorium). Wenige Schritte entfernt lebte bis zu seiner Emigration 1938 der jüdische Autor und Religionsgelehrte Martin Buber. Die mächtige neugotische **Kirche St. Peter** steht auf mittelalterlichen Fundamenten. Über den Planetenweg gelangt man durch Weinberge hinauf zur **Starkenburg** (urspr. 11. Jh.) mit Sternwarte, Burgschänke, Aussichtsturm und Jugendherberge.

MUSEUM
Im verwinkelten Kurmainzer Amtshof (14. Jh.) ist das **Museum für Stadtgeschichte und Volkskunde** beheimatet (Amtsgasse 5; Mi., Do., Sa., So. 14.00–17.00 Uhr).

VERANSTALTUNGEN
Im Kurmainzer Hof finden die **Heppenheimer Festspiele** statt (Juli–Sept.; www.festspiele-heppenheim.com). Beim **Starkenburg Festival** spielen diverse Live-Bands unter freiem Himmel (Mitte Juli; www.starkenburg-festival.de).

INFORMATION
Tourismus-Information, Großer Markt 9, 64646 Heppenheim, Tel. 06252 13 11 71, www.heppenheim.de

Genießen Erleben Erfahren

DuMont Aktiv

Wissen um den Wein

Mit fast zwei Dutzend Stationen erschließt der Weinlehrpfad von Groß-Umstadt kurzweilig die Geschichte des Winzerhandwerks und die Vielfalt der angebauten Reben auf dem kleinen Gemeindeareal an den Ausläufern des Odenwalds.

Am Parkplatz beim Hainrich, am östlichen Rand des Stadtgebiets, begrüßt uns die erste Informationstafel – und nach wenigen Schritten hinein in die Weinlage Herrnberg folgt schon die nächste. Mehr als zwanzig solcher kleinen und großen Schilder erzählen auf dem Hangsträßchen zwischen den Reben von der Art der Trauben auf diesem Odenwaldhügel, seiner Geologie, über Naturschutz, die Arbeit im Wingert – und die erstaunlich zahlreich vorhandenen Weinberghäuschen dort.

Jedes davon besitzt ein Wasserauffangbecken. Das kostbare Nass benötigte man einst zum Ansetzen der „Bordelaiser Brühe" gegen Rebkrankheiten wie den Echten und den Falschen Mehltau. Heute dienen die historischen Weinberghäuschen als Geräteschuppen oder auch als winzige Probierstation, allerdings meist nur am Wochenende. Tagein, tagaus hingegen gibt es vom Weinlehrpfad wunderbare Ausblicke in die Ferne – zur Feste Otzberg oder, wenn das Wetter mitspielt, gar bis zur Frankfurter Skyline. Und manchmal grast ganz in der Nähe, direkt am Pfad, eine Schafherde.

Weinlehrpfad Groß-Umstadt

Fußweg zum Startpunkt: Aus der Stadt dem Wanderweg S 3 folgen, der von der Sparkasse über den Marktplatz und das Naturdenkmal Steinbornshohl auf den Hainrich führt (2,7 km, 50 Min. Gehzeit).

Anfahrt: Entweder zum großen Wanderparkplatz am Waldrand hinter dem Restaurant „Farmerhaus" (Adresse fürs Navi: Am Farmerhaus 1) oder zum kleinen Parkplatz in der Nähe des Hotels „Jakob" (fürs Navi: Zimmerstr. 44)

Weglänge Weinlehrpfad: Gut 2 km

Info: Faltblatt bei der Tourist-Information oder im Internet unter www.umstaedter-wein.de

Auf dem Weinlehrpfad, der sich über den Hang der gut 30 Hektar großen Lage Herrnberg schlängelt, vermitteln kleine Rebtäfelchen und große Infotafeln viel Wissen zu Natur und Weinbau.

Sagen und Traditionen

Reich an Genüssen und voller Legenden ist der Odenwald, wo einst die legendären Burgunder jagten, Quellen sprudeln, an denen womöglich Siegfried kämpfte, und wo Graf Franz zu Erbach-Erbach dafür sorgte, dass seine Bauern sich mit Elfenbeinschnitzkunst ein Zubrot verdienen konnten. Abwechslungsreiche Landstriche laden zu Sport und Bewegung ein, bieten aber auch kulinarische und kulturelle Freuden.

Michelstadts Rathaus ist ein ungewöhnlicher Bau. Über der offenen Markt- und Gerichtshalle liegt der Festsaal und darüber Speicherböden.

Auf dem Beerfelder Pferdemarkt kommen engagierte Züchter zum Zuge und zu Prämierungen. Bei den Schafen gibt es immer wieder nicht alltägliche Landschaftsrassen zu sehen – wie die Heidschnucken, aus denen die weiße gehörnte Variante herausragt.

Auch sogenanntes Fleckvieh wird in Beerfelden vorgestellt. Die Rinder stammen ursprünglich wohl aus dem Berner Oberland und sind vor allem in Süddeutschland, Österreich und der Schweiz zu Hause.

„Treuschs Schwanen" in Reichelsheim ist bekannt für genussvolle Stunden.
Besonderer Stolz von Patron Armin Treusch ist sein begehbares „WeinCabinet"

Der Beerfelder Pferde-, Fohlen- und Zuchtviehmarkt lockt eine Vielzahl von Profis und Schaulustigen in den südlichen Odenwald.

Schwäne benötigen Wasser – aber nirgends in der näheren Umgebung des Gasthofs mit dem Namen des weißen Wasservogels blinkt ein Teich. „Damals, als meine Vorfahren das Haus erbaut haben, gab es einen", versichert der Reichelsheimer Wirt Armin Treusch. „Dort unten, wo jetzt die Straße verläuft." Einleuchtend klingt das schon, denn parallel zu der Allee fließt ein Arm des weitverzweigten Eberbachs. Auch die Wasserläufe Beerbach und Gersprenz gehören zur Gemarkung. Auf noch mehr Wasser verweisen Ortsbezeichnungen wie Klein-Gumpen, Rehbach oder Beerfurth. Über Roschbach und den Hoschbach gelangt man zum Mossaubach – und im Süden der Gemeinde Mossautal sorgte der Marbach dafür, dass ein großer See aufgestaut werden konnte. Ursprünglich sollte er nur dazu dienen, die Mümling nach Regen- oder Schneeschmelzperioden zu regulieren. Inzwischen ist der Marbachsee ein beliebtes Bade-, Boots- und Surfgewässer, umfasst ein Vogelschutzgebiet, kann auf einem Wanderweg umrundet werden und dient als Kulisse für ein Festival zeitgenössischer Musik.

Opernklänge und Schalmeien

Auch Lindenfels lässt es klingen, oben auf seiner Burgruine. Steil geht es hinauf. Und noch steiler kommt es einem vor, wenn auch am frühen Abend noch kein kühlendes Lüftchen weht. Schließlich steht nicht Sport auf dem Programm, sondern Kultur: Musikalisches von italienischen Komponisten, dargeboten von international renommierten Opernsängern und einem beachtlichen Orchester auf einer Open-Air-Bühne. Mehr als zwei Stunden erfüllen bekannte Melodien den sommerlichen Abend.

Doch nicht nur Streicher und andere klassische Instrumente erklingen regelmäßig in der einstigen Höhenburg. Auch Schalmeien, Trommeln und Drehleiern sind dort mitunter zu hören. Und zwar stets dann, wenn das „Drachenvolk" gastiert mit seinen Vereinsmitgliedern, die im mächtigen Mauerrund regelmäßig Einblick geben in das einfache Lagerleben des Mittelalters.

Im Zeichen des Drachen steht Lindenfels erst seit ein paar Jahren. Knapp zwanzig der liebenswürdigen, rund anderthalb Meter großen „Monster" lassen sich inzwischen in den diversen Ortsteilen der Gemeinde entdecken. Gegossen nach den Vorlagen eines Malwettbewerbs und von ihren Besitzern – Gasthäusern, Geschäften, Hotels, Vereinen oder auch Privatpersonen – individuell gestaltet. Inzwischen gibt es auch einen Drachenrohling im Miniaturformat als

Fotograf Ernst Wrba auf dem Katzenbuckel: Mit 626 Metern ist der erloschene Vulkan östlich von Eberbach der höchste Berg des Odenwalds. Morgenstimmung im Tal des Mossaubachs, wo später am Tag neugierige Rinder grasen. Weit reicht der Blick bei Höchst im nördlichen Odenwald (im Uhrzeigersinn).

Souvenir zu kaufen. Und am Ortseingang wacht „Lindra", die für das Drachenmuseum wirbt. Bei Dunkelheit wird die Skulptur sogar angestrahlt.

Tierisch gut

„Schönes Gesicht, typvoll im Ausdruck, schwingender Rücken, gut über dem Boden schwebend ..." Enthusiastisch tönt die lobende Frauenstimme aus dem Lautsprecher. Die bilderreiche Beschreibung gilt dem Aussehen und den Tugenden einer – Kuh! Und niemand auf dem weitläufigen Wiesengelände scheint sich über die Schwärmerei zu wundern. Denn die traditionelle Tierschau ist einer der wichtigsten Programmpunkte des Beerfelder Pferde-, Fohlen- und Zuchtviehmarkts, der jeden Sommer eine Viel-

Im Odenwald wechseln bäuerliche Szenerien mit ursprünglich anmutenden, fast wilden Landschaften ab.

zahl von Profis und Schaulustigen in den südlichen Odenwald anlockt. Wie von jeher werden am Marktmontag die Tiere gehandelt – Kühe, Kälber, Bullen, aber auch stolze Rösser, Ziegen und Schafe. Nicht alle wechseln freilich den Besitzer, oft geht es nur um eine Prämierung.

Am Rand des Marktgeländes gibt es frische Buttermilch, der Pferdemetzger präsentiert seine Spezialitäten, Reiter finden eine reichhaltige Auswahl an Ausrüstung und Zubehör. Auf der überdachten Festtribüne fließt Odenwälder Bier aus dem Zapfhahn, stehen Kochkäse und Bratwurst zur kulinarischen Wahl oder zwei Dutzend Kuchen vom örtlichen Bäcker. „Nummer neun gewinnt – bestes Euter, schön aufgehängt, super zentral", schallt es über den Ausstellungs- und Turnierplatz. Weder die grün behemdeten Schäfer noch die jungen Männer in Knielederhosen bei den Limousin- und Galloway-Rindern ver-

Kunststoff ist bei der Michelstädter Firma Koziol die Zukunft. Seit bald 200 Jahren gibt es den sommerlichen Erbacher Wiesenmarkt, der als größtes Volksfest im hessischen Süden gilt. Das Elfenpaar, geschnitzt um 1900, „tanzt" im Elfenbeinmuseum in Erbach. Bis heute wird am Ort Elfenbein geschnitzt (im Uhrzeigersinn).

Die barocke Orangerie flankiert den gräflichen Lustgarten. Im Hintergrund ragt am Erbacher Marktplatz das Residenzschloss auf, im dem wie zu gräflichen Zeiten die Antikensammlung derer zu Erbach-Erbach präsentiert wird.

Graf Franz I. zu Erbach-Erbach wollte den Handwerkern seiner Grafschaft mit der Elfenbeinschnitzerei neue Erwerbsmöglichkeiten eröffnen.

ziehen ob dieser kuriosen Laudatio eine Miene.

Elfenbein und Plastik

Schlanke ockerfarbene Säulen, graues Schieferdach, weiße Blumenkästen mit Lavendelbüschen: Der kleine Pavillon am Ufer der Mümling wirkt wie ein winziger Abkömmling des imposanten Schlossgebäudes gegenüber. Die Fassade des Prachtbaus spiegelt sich in seiner Fensterfront. „Elfenbein und Büffelhorn aus Erbach“ steht darauf zu lesen. Hunderte Arbeitsbeispiele, von der Tierfigur bis zum Halsschmuck, präsentieren sich hinter der Fensterscheibe auf schmalen Regalbrettern.

Graf Franz I. zu Erbach-Erbach hatte die Elfenbeinschnitzerei auf seiner Grand Tour durch Europa kennengelernt und richtete nach seiner Rückkehr 1775 in seinem Schloss eine Musterwerkstatt ein. Er wollte den Handwerkern und Bauern seiner Grafschaft neue Erwerbsmöglichkeiten eröffnen. Aber nicht nur die profitierten von der seiner Initiative, sondern viel später auch andere Odenwälder, wie beispielsweise Bernhard Koziol. Im Alter von nur neunzehn Jahren meldete er sein Schnitzgewerbe in Michelstadt an. Eine Scheune wurde zur Werkstatt ausgebaut, bereits in den 1930er-Jahren beschäftigte der junge Unternehmer mehrere Mitarbeiter. Wenig später trug er dem Aufkommen eines neuen Rohmaterials Rechnung, schaffte eine noch handgetriebene Spritzgussmaschine für Kunststoff an. Heute sind die kunterbunten Acrylartikel der inzwischen in Erbach ansässigen Firma Koziol weltbekannt.

Wer beim Naturmaterial bleiben wollte, musste sich spätestens 1989, nach Einführung des Welthandelsverbots für Elefantenzähne, auf die Suche nach passenden Ersatzmaterialien machen. Inzwischen verarbeiten die ehemaligen Elfenbeinschnitzer hauptsächlich die im sibirischen Eis gefundenen, durch Mineralien und Metalle oft wunderschön gefärbten Mammutknochen.

Blüte durch Handwerk

Auch in Michelstadt wird nach wie vor geschnitzt – immerhin hat hier Europas einzige Berufsfachschule für holz- und elfenbeinverarbeitendes Gewerbe ihren Sitz. Aber auch andere Handwerke und Kunstformen spielen eine bedeutende Rolle in der größten Odenwaldgemeinde, wie Ateliers, Galerien und Läden in den Fachwerkgassen zeigen. Manche Geschäftsadresse der schon im 16. Jahrhundert mit Tuchfabrik und Eisenhütten zum Industriestädtchen erblühten einstigen Ackerbürgeransied-

Michelstadts Hauptsehenswürdigkeit ist das Fachwerk-Rathaus am Marktplatz mit seinem Brunnen von 1575.

Die Kainsbacher Mühle wurde an Michelstadts Einhardspforte wiederaufgebaut. Die wassergetriebene Getreidemühle zeigt die Entwicklung der Mahltechnik.

Der barocke Bau der Löwenhofreite und das Rathaus sind alljährlich Zentrum des sommerlichen Kunsthandwerkermarkts.

lung entzieht sich hingegen üblicher Kategorisierung. „Nein, wir haben keinen Namen“, lächelt die alte Dame hinter dem niedrigen, mit Schälchen und anderen Behältnissen vollgestellten Kassentisch. Tatsächlich ist weder an der Tür noch an den kleinen Fenstern des hellen Souterrainlädchens irgendein Schriftzug zu sehen. Das Sortiment umfasst Süßes und allerlei Krimskrams, der durchaus auch als Souvenir aus dem Odenwald taugt. Bei (Senior-)Malermeister Fink in der Neutorstraße gilt Ähnliches – auch wenn seine Schätze etwas größer sind. Und nicht fabrikneu, sondern mit oft langer Geschichte. „Mein Sohn schleppt so manches an,“ erzählt der Trödler – offenbar lagert auf Dachböden und in Scheunen der Region noch einiges. Alte Mopeds und Roller sind darunter oder kleine Möbelstücke wie die Fünfzigerjahrekommode mit Schiebetüren.

Heiße Quellen, polare Kälte

Warmes Wasser und Eis – beide trugen zum Ruhm von Bad König bei. Letzteres freilich nur indirekt, und zwar dank Karl Weyprecht. Schon als Kleinkind zog der gebürtige Darmstädter mit seiner Familie in das Kurstädtchen; sein Vater diente als Kammerdirektor dem Grafen zu Erbach-Schönberg, dessen Vorfahren das Schloss von Bad König errichteten und dort residierten. 1856 schloss

Wem schlichtes Wandern oder Radeln zu wenig Nervenkitzel bietet, der ist im Kletterwald und auf der Sommerrodelbahn an Wald-Michelbachs Kreidacher Höhe richtig.

Schon den Römern waren Bad Königs Quellen bekannt.
Heute speisen sie die Odenwald-Therme.

Zum Eulbacher Park im Osten Michelstadts gehört auch ein Wildgehege

Östlich oberhalb von Mossautal steht die jahrhundertealte Tränkfeldeiche, ein bekanntes Naturdenkmal.

Odenwälder Genüsse

Special

Von Apfelessig bis Ziegenkäse

Streuobstwiesen, Fischteiche, Viehzucht und Milchwirtschaft, Gemüseanbau und Schäferei der Odenwald verfügt über viele kulinarische Quellen.

Bekannt ist die Region vor allem für ihre Milchspezialitäten. Kühe, Ziegen und sogar Pferdestuten liefern den Rohstoff für Betriebe wie die Hüttenthaler Molkerei, die Kochkäserei in Fürth-Lörzenbach und das Kurgestüt Hoher Odenwald. Die Manufaktur „Zur Freiheit" in Reichelsheim verarbeitet für ihre zahlreichen Essigvarianten heimisches Obst und würzige Kräuter und bietet auch Seminare an.

Der Odenwälder Kartoffelanbau ist schon im frühen 18. Jahrhundert verbrieft; wie dem Lamm sind dem Erdapfel inzwischen eigene Genusswochen gewidmet, an denen sich traditionell eine Vielzahl von Gastwirten beteiligen. Ähnliches gilt für den Spargel; im Odenwald wird noch die besonders schmackhafte alte Sorte „Schwetzinger Meisterschuss" angebaut. Diverse Jagdreviere sorgen für Wild aller Art, in Lautertal gibt es Lardo vom Odenwälder Landschwein, im Mossautal Saiblinge und Forellen, bei Beerfelden eine Delikatess-Schneckenzucht.

Auf dem Forellenhof Lenz in Hüttenthal

sich Karl der österreichisch-ungarischen Kriegsmarine an – gut fünfzehn Jahre später leitete er jene Nordpolexpedition, die unter anderem zur Entdeckung der arktischen, mit kaiserlichem Namen versehenen Inselgruppe Franz-Josef-Land führte. Bis zu seinem Lebensende förderte Weyprecht, der im Gegensatz zu manch anderem Eiswüstenentdecker den Weg zurück in die Heimat fand, die internationale Polarforschung. Im Familiengrab auf dem Friedhof von Bad König bestattet, erinnert eine steinerne Büste ein wenig versteckt in einer Ecke des Schlossplatzes an den Weitgereisten. Auch eine Straße und eine Gedenktafel am Heimatmuseum im Schloss verweist auf den Forscher, der letztendlich der Tuberkulose erlag.

Die Heilquellen von Bad König bringen hingegen seit Ende des 19. Jahrhunderts Linderung und Wohlbefinden bei Muskel- und Gelenkproblemen oder vegetativen Störungen. Ob bereits Paul Hindemith die Heilwässer genoss, ist nicht verbrieft. Aber an der Fassade des historischen Gasthofs „Zur Krone" in der Elisabethenstraße verkündet eine Plakette, dass der Hanauer Musiker, Komponist und spätere Konzertmeister der Frankfurter Opernbühne in diesem Haus schon als Neunjähriger ein Konzert gegeben hat.

Einkaufen auf dem Land

Lecker, nützlich, schön

Holz oder Plastik? Schmackhaftes oder Schmückendes? Wer aus dem Odenwald ein Souvenir nach Hause mitnehmen möchte, kann aus einer Fülle von Möglichkeiten wählen. Werkstätten, Hofläden, kleine Geschäfte oder auch Designer-Outlets laden zum Stöbern ein.

1 Odenwälder Gäulschen

Bis in die Antike reicht die Faszination des Pferdes als Spiel- und Dekorationsobjekt zurück. Im Odenwald widmete man sich ab Mitte des 18. Jahrhunderts der Produktion hölzerner „Gäulschen“. Von den ursprünglich zwei Dutzend Gewerbebetrieben ist der Krämer'sche mittlerweile der letzte. Er stellt nicht nur Schaukel- und Steckenpferde her, sondern auch kleine Rollrosse zum Ziehen sowie Hasengespanne und Kinderschaukelstühle. Das verwendete Buchen-, Kiefer- und Pappelholz stammt ausnahmslos aus dem Naturpark Bergstraße/Odenwald. Besuchergruppen führt der Gäulschesmacher Harald Boos durch die Werkstätten – nach telefonischer Voranmeldung sowie gegen ein kleines Entgelt – und zeigt ihnen, wie die Holzpferdchen angefertigt und lackiert werden. Im Laden hält er überdies Traktoren, Lastwagen, Puzzles und andere ausgesuchte Holzspielwaren bereit.

Odenwälder Gäulschesmacher, Holzspielwaren A. Krämer, Siegfriedstraße 60, 64385 Reichelsheim, Tel. 06164 15 11, www.gaeulschesmacher.de

2 Lebkuchen seit 1785

Seit elf Generationen backen die Baumanns Anisplätzchen und Kokosmakronen, Magenbrot und Pfeffernüsse, Butterplätzchen, Spritzgebäck und natürlich Lebkuchen nach uralten Rezepten. Alles wird von Hand gemacht. Die Gewürzmischungen sind ein Familiengeheimnis, und künstliche Farbstoffe, Haltbarkeitsmacher oder Geschmacksverstärker sind tabu im Betrieb der Baumanns – übrigens dem einzigen seiner Art von einst sechzehn in der Gegend.

Lebkuchenbäckerei Baumann, Marktplatz 8, 64385 Reichelsheim-Beerfurth, Tel. 06164 23 13, www.lebkuchen-baumann.de

3 Schönes Kunsthandwerk

Ob Schmuck oder Ledertaschen, Holz-, Papier-, Sandstein- oder Buchbindearbeiten, ob Keramik, Malerei oder textile Unikate aus Seide, Wolle, Filz und anderen feinen Stoffen: Künstlern und Kunsthandwerkern aus der Region, aber auch Gästen aus anderen Gefilden bieten Antje Schüßler, Susanne Weber-Ansorge und Wolfgang Ansorge seit 2003 ein Ausstellungsforum. Zunächst in Wiesenbach beheimatet, sind die ganzjährig geöffneten Schauräume, in denen die drei regelmäßig auch eine Auswahl ihrer eigenen Arbeiten zeigen, seit 2012 in Neckarsteinach zu finden.

Haus für schönes Kunsthandwerk, Scheffelstraße 1, 69239 Neckarsteinach, Tel. 06229 9 33 96 88, http://haus-für-schönes-kunsthandwerk.de

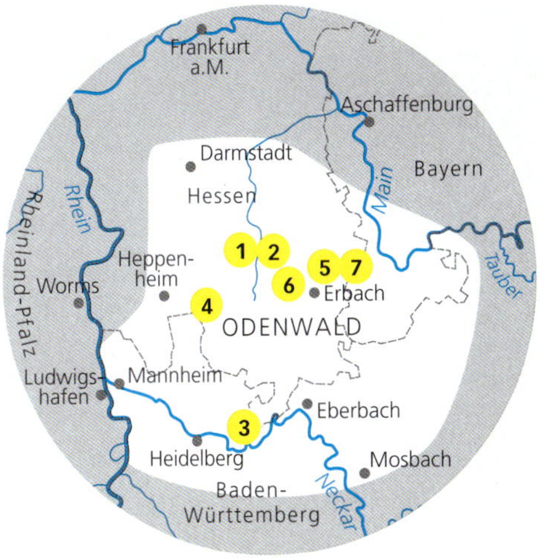

4 Hausmacher Kochkäs

Zweimal in der Woche wird die rein naturbelassene, kalorienarme Spezialität in Frank Rettigs kleinem Betrieb produziert – nach altem Familienrezept. Inzwischen umfasst das Sortiment u. a. auch den kräftig gewürzten Odenwälder Schobbekäs, einen hausgemachten Kräuterquark sowie die Weschnitztaler Fitnesscreme. Wer mag, kann die Produkte vor dem Kauf im Landlädchen auch erst einmal in der Käsestube im Teichgarten probieren.

Odenwälder Kochkäserei, Lauten-Weschnitzer Str. 11, 64658 Fürth-Lörzenbach, Tel. 06253 45 55, http://kochkaeserei.de

5 Mammutzahn und Elfenbein

Armspangen, Ringe, Ketten, Haarschmuck oder Uhrenfassungen, Brieföffner, Schlüsselanhänger, Tierfigürchen oder Pillendosen – alles lässt sich aus Mammutzähnen machen, dem erlaubten Ersatz für das Elfenbein. Auch Würfel und Schachspiele schnitzt und dreht die Familie Schott bereits in der dritten Generation. Erwerben kann man die guten Stücke, neben aktuellem Silber- und Modeschmuck, im Ladengeschäft in der Nähe der Werkstatt.

Dennie's Trend + Design, Werner-von-Siemens-Straße 10, 64711 Erbach, Tel. 06062 95 61 61, www.mammutwerkstatt.de

6 Lamm direkt vom Schäfer

Ob Haxe oder Keule, Schulter, Rollbraten, Kotelett, Lachs oder Bratwurst – bei Bernd und Christel Keller gibt es alles, was der Fleischesser vom Lamm begehrt. Außerdem bietet das Ehepaar medizinisch gegerbte Felle aus seinem Schäferei-Meisterbetrieb. Der umfasst rund hundert schwarzköpfige Fleischschafe und ist offizieller Lieferant der Gastronomen, die sich unter dem Begriff Odenwald-Gasthäuser zusammengetan haben.

Schäferei Keller, Am Eckertsberg 11, 64720 Michelstadt-Rehbach, Tel. 06061 7 12 01, www.odenwald-schaefer.de

7 Plastic fantastic

Alltagsdesign mit Witz und Stabilität: Aus dem 1927 in Michelstadt gegründeten Familienbetrieb, der zunächst Elfenbeinschmuck herstellte, sich aber schon ab 1935 mit Kunststoffspritzguss befasste, ist inzwischen zwar ein Großunternehmen geworden. Doch noch immer sorgt ein Bildhauer namens Stephan Koziol, Sohn des Firmengründers, für die Kreation teils wunderbar verrückter Produkte für Bad, Küche, Wohnzimmer. Im Design-Outlet der sogenannten „Glücksfabrik" mit angeschlossenem Museum kann man die nützlichen Kultobjekte aus recyclebarem Kunststoff erst einmal in Ruhe in die Hand nehmen, bevor sie in den Einkaufskorb wandern.

Koziol Glücksfabrik, Werner-von-Siemens-Str. 90, 64711 Erbach, Tel. 06062 60 43 25, www.koziol-gluecksfabrik.de

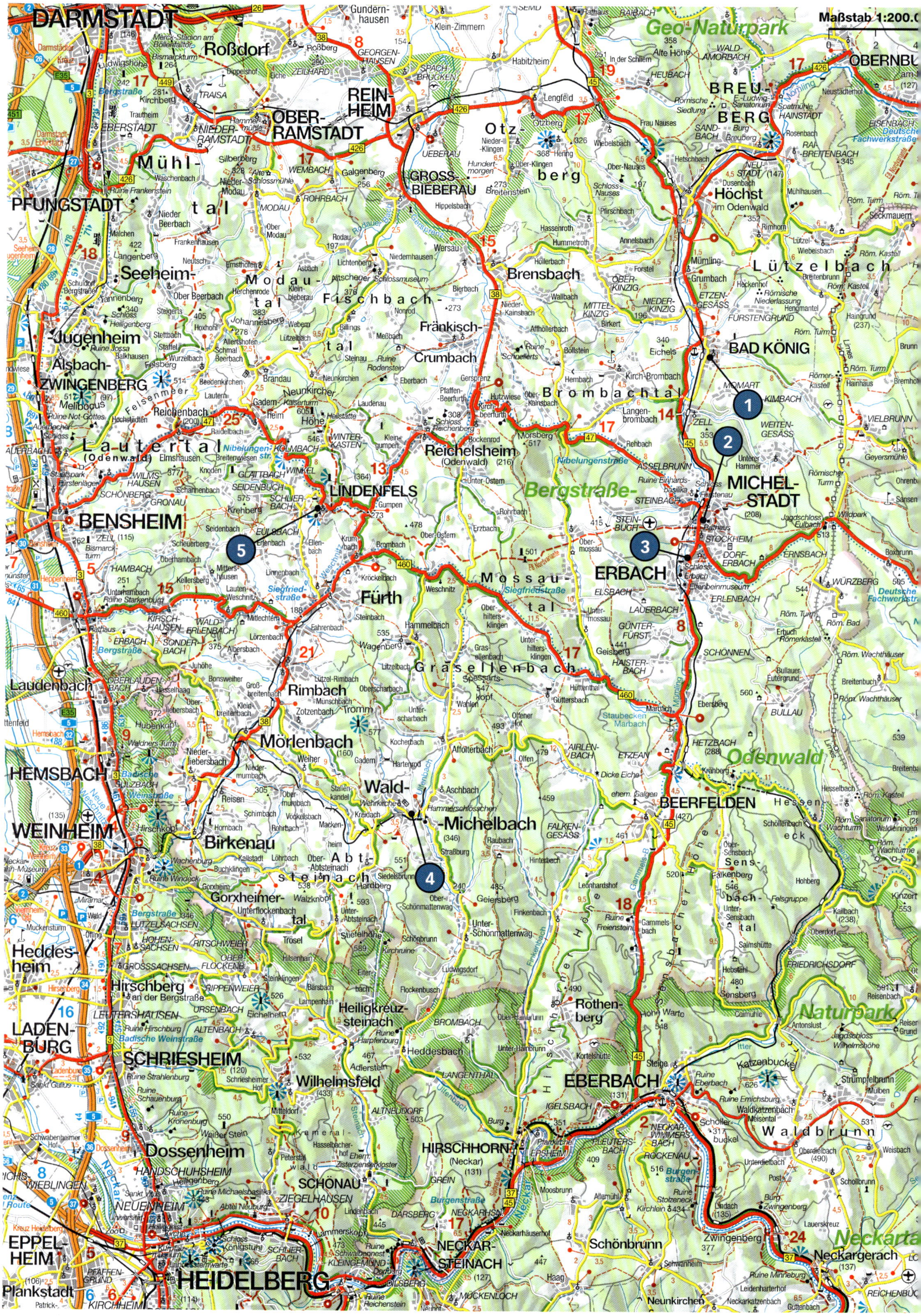

Maßstab 1:200.0
DARMSTADT
Roßdorf
Geo-Naturpark
OBERNBU
REIN-HEIM
OBER-RAMSTADT
Otz-berg
BREU-BERG
Mühl-tal
GROSS-BIEBERAU
Höchst im Odenwald
PFUNGSTADT
Lützelbach
Seeheim-
Modau-tal
Brensbach
Fischbach-tal
Fränkisch-Crumbach
Jugenheim
BAD KÖNIG
Alsbach-
ZWINGENBERG
Brombachtal
Lautertal (Odenwald)
Reichelsheim (Odenwald)
MICHEL-STADT
LINDENFELS
Bergstraße-
BENSHEIM
ERBACH
Mossau-tal
Fürth
Gräsellenbach
Laudenbach
Rimbach
Mörlenbach
Odenwald
HEMSBACH
Wald-Michelbach
BEERFELDEN
WEINHEIM
Birkenau
Abtsteinach
Gorxheimer-tal
Heddes-heim
Hirschberg an der Bergstraße
Heiligkreuz-steinach
Rothen-berg
Naturpark
LADEN-BURG
SCHRIESHEIM
Wilhelmsfeld
EBERBACH
Waldbrunn
Dossenheim
HIRSCHHORN (Neckar)
SCHÖNAU
Schönbrunn
EPPEL-HEIM
NECKAR-STEINACH
Neckargerach
Plankstadt
HEIDELBERG
Neckarta
1
2
3
4
5

Gräfliches Erbe im Nibelungenland

Schlösser und Burgen, Thermen und Handwerk prägen die abwechslungsreiche Landschaft zwischen Bad König und dem Doppelstädtchen Erbach und Michelstadt. Zu Kultur und Genuss gesellt sich eine Fülle von Freizeitmöglichkeiten.

1 Bad König

Quintiacum hieß die älteste Siedlung im Mümlingtal zur Römerzeit – die „Fünf" im Namen des heutigen Kurorts (9000 Einw.) bezog sich vielleicht auf die Anzahl der Quellen. Zwei Heilquellen sind für das frühe 19. Jh. verbrieft; seit 1948 darf sich das ab 1747 zum Besitz der Grafen Erbach-Schönberg gehörende Amt König „staatlich anerkanntes Bad" nennen.

SEHENSWERT

Am teils begrünten Schlossplatz bildet das **Alte Schloss** (16./17. Jh.) einen prächtigen Blickfang. Zu seiner Linken duckt sich die Rentmeisterei (1804), rechts steht das kleinere **Neue Schloss** (1792/93). Die **Schlosskirche** (1751) besitzt einen mittelalterlichen Turm. Die Schlossgebäude bergen heute Rathaus und Heimatmuseum. Über die barocke Freitreppe gelangt man in den einstigen Lustgarten, seit dem 19. Jh. ein Landschaftspark.

AKTIVITÄTEN

Zwischen Schlossplatz und Kurpark mit zwei kleinen Seen liegt die **Odenwald-Therme** (www.odenwald-therme.de; tgl. 9.00–22.00/24.00 Uhr).

UMGEBUNG

Südöstl. von Hummetroth (12 km nordw.) findet sich die Ausgrabungsstätte **Römische Villa Haselburg** (www.haselburg.de).

INFORMATION

Tourist-Information, Elisabethenstr. 13, 64732 Bad König, Tel. 06063 57 85 22, www.badkoenig.de

2 Michelstadt

In einer Schenkungsurkunde an den Bischof von Würzburg 741 erstmals erwähnt, erblühte das mittelalterliche Fachwerkstädtchen durch die Jahrhunderte zum Zentrum (16 500 Einw.) des hessischen Odenwalds. Bereits in früherer Zeit erhielt es gräfliche Privilegien wie Markt-, Mauer- und Selbstverwaltungsrechte; später siedelten sich Ämter und Bildungsinstitutionen an, darunter auch eine rabbinische Hochschule (um 1830), denn Michelstadt besaß bis 1940 die größte jüdische Gemeinde des Odenwalds.

Michelstadt: Einhardsbasilika; Synagoge in der Altstadt; Limes-Wachturm Vielbrunn

SEHENSWERT

In den Gassen der **Altstadt** reihen sich **Fachwerkbauten.** Besonders originell ist das spätgotische **Rathaus** (1484) am Marktplatz mit dem auf Eichenbalken ruhenden offenen Untergeschoss. Die barocke **Löwenhofreite** (1755) diente auch als Posthalterei. Als Keimzelle des Ortes gilt die **Kellerei** (14.–17. Jh.); vermutlich stand hier der Edelhof des fränkischen Königsguts. Zwei Holzbrücken führen über den inneren Wallgraben zum **Diebsturm** (urspr. 950), einst der Kerker. Auch einige Türme der Stadtmauer und der doppelte Wallgraben sind erhalten.
Die nach Plänen eines Hofgelehrten Karls des Großen erbaute **Einhardsbasilika** (9. Jh.) im Ortsteil Steinbach ist eines der wenigen authentisch erhaltenen Beispiele karolingischer Architektur in Deutschland.
Schloss Fürstenau mit seinem prachtvollen Schmuckbogen erhebt sich ganz in der Nähe malerisch unter Bäumen. Im 13. Jh. als Wasserburg erbaut, wurde die Anlage in der Renaissance durch Graf Georg III. von Erbach erweitert; seine Nachfahren wohnen bis heute dort.

MUSEUM

Das neu strukturierte **Stadtmuseum** ist der Vergangenheit Michelstadts, aber auch kindlichen Spielwelten gewidmet (Einhardspforte 3, Tel. 06061 70 61 39; März–Ende Sept. Fr. 14.00 bis 17.00, Sa./So. ab 12.00 Uhr).

HOTEL UND RESTAURANT

In einem Häuschen aus dem 17. Jh. versteckt sich das Designhotel **€€/€€€ Die Träumerei** (Obere Pfarrgasse 3, 64720 Michelstadt, Tel. 06061 70 33 33, www.die-traeumerei.com). Gutbürgerliche Küche und eigenes Bier gibt es im **€/€€ Rathausbräu** (Mauerstr. 1, Tel. 06061 56 66, www.rathausbraeu.de).

VERANSTALTUNG

Auf dem Marktplatz vor dem Rathaus findet (im Wechsel mit dem Erbacher Schlosshof) alle zwei Jahre der **Theatersommer** statt (www.odenwald-theater.de; Ende Juli–Mitte Aug.).

UMGEBUNG

In **Würzberg** (11 km südöstl.) ist ein römisches Bad erhalten. In **Eulbach** (10 km östl.) erstreckt sich auf 400 ha der Englische Garten des einstigen Landgrafen, mit Wildgehege. Im Gebiet um **Vielbrunn** (14 km nordöstl.) sind Reste römischer Militärlager (Eulbach, Hainhaus) und ein rekonstruierter Limes-Wachturm zu sehen; im Ort selbst steht ein Jugendstil-Wasserwerk.

INFORMATION
Gästeinformation, Marktplatz 1, 64720 Michelstadt, Tel. 06061 7 46 10, www.michelstadt.de

3 Erbach

Seit dem Mittelalter Residenz der Grafen zu Erbach-Erbach, hat die Elfenbein- und Kreisstadt (13 500 Einw.) zumindest im historischen Zentrum, an den Ufern der Mümling, ihr bauliches Erbe bewahrt.

SEHENSWERT
Blickfang in der Altstadt mit ihren restaurierten Fachwerkhäusern, Torbögen und Brücken ist das imposante **Residenzschloss** (urspr. um 1300) am Marktplatz. Hinter der neobarocken Fassade von 1902 sind die Gräflichen Sammlungen mit Antikenkollektion und mittelalterlichen Waffen zu bestaunen sowie in der Hubertuskapelle der prächtige Schöllenbacher Altar von 1515 (www.schloss-erbach.de; nur mit Führung; Sammlung: März–Okt. Mo.–Fr. 11.00, 14.00, 16.00, Sa./So. auch 15.00; Altar: Mo.–Fr. 15.15, Sa./So. auch 16.15, Nov./Dez. tgl. 14.00 bzw. 15.15 Uhr). Der mächtige Bergfried wurde um 1200 erbaut. Unweit der spätbarocken **Stadtkirche** (1750) sind noch Teile von drei mittelalterlichen **Burgmannenhöfen** erhalten.

Tipp

Sonnenantrieb

Auf der stillgelegten Trasse der ehem. Überwaldbahn mit ihren Tunneln und Viadukten verkehren heute 30 Solardraisinen für je 8 Personen. Da nur 10 % der Energie für den Antrieb aus Sonnenlicht gewonnen werden können, müssen die Fahrgäste auf der 10 km langen Strecke von Wald-Michelbach nach Mörlenbach öfter mal strampeln.

Am Bahnhof 10, Wald-Michelbach, Tel. 06207 2 04 91 30, www.solardraisine-ueberwaldbahn.de

Schloss Erbach; St. Georg, der Drachentöter, in Lindenfels

MUSEEN
Geschnitzte Kunstwerke aus Elefantenzahn setzt das völlig neu gestaltete **Deutsche Elfenbeinmuseum** TOPZIEL seit Ende 2016 im Residenzschloss wirkungsvoll in Szene (www.elfenbeinmuseum.de; März–Okt. tgl. 10.00–16.00, Nov./Dez. 12.00–16.00 Uhr). Dem Thema Kunststoff widmet sich das **Koziol-Museum** (siehe S. 57; Sa. 11.00–17.00, So. 14.00–17.00 Uhr).

UMGEBUNG
Sowohl der Lindelbrunnen von **Mossautal** (an der B 460 bei Hüttental) als auch die Waldquelle von **Grasellenbach** werden immer wieder als der legendäre Siegfriedbrunnen genannt. Im Nibelungenlied ist diesbezüglich allerdings von einem Dorf namens Otenheim die Rede.
Der **Marbach-Stausee** ist zum Baden und für den Wassersport freigegeben.

INFORMATION
Touristik-Information, Altes Rathaus, Marktplatz 1, 64711 Erbach im Odenwald, Tel. 06062 64 80, www.erbach.de

4 Wald-Michelbach

1238 erstmals erwähnt, umfasst die einstige Burgsiedlung im Überwald heute neun Gemeinden (10 500 Einw.) auf einer Fläche von rund 75 km², die von einer Fülle von Wanderwegen durchzogen ist.

SEHENSWERT
Im winzigen historischen Ortskern plätschert zwischen Fachwerkhäusern der namengebende Bach. Im **Alten Rathaus** (1594) ist das **Überwälder Heimatmuseum** untergebracht (In der Gass 9, Tel. 06207 14 92; April–Okt. Di., Fr.–So. 15.00–17.00 Uhr). Die Sammlung des privaten **Stoewer-Museums** umfasst restaurierte Automobile, Fahrräder, Näh- und Schreibmaschinen (Michelstr. 2, www.stoewer-museum.de; März–Dez. jew. 1. So. im Monat 14.00–17.00 Uhr). Auf Anfrage öffnet die zum Besucherstollen umgewandelte **Grube Ludwig**, in der von 1889 bis 1918 Manganerz gefördert wurde (Am Wetzel, Tel. 06207 94 24 26).

AKTIVITÄTEN
Kühn schlängelt sich die Sommerrodelbahn **Odenwaldbob** von der Kreidacher Höhe talwärts (Kreidacher Höhe 2, www.sommerrodelbahn-wald-michelbach.de; April–Ende Okt. tgl. 10.00–18.00, sonst Sa./So. 13.00–16.00 Uhr). Der **Klettergarten** auf der Höhe ist der jüngste von rund einem halben Dutzend im Odenwald (April–Sept. tgl. 10.00–18.00, Okt. bis 17.00 Uhr). Die Überwälder Traumnacht im Juli lockt als mehrere Gemeinden übergreifende Kulturveranstaltung mit Kunst, Kultur und natürlich Kulinarischem (www.überwälder-traumnacht.de).

UMGEBUNG
Die Stadt Beerfelden und ihre Nachbargemeinden Hesseneck, Rothenberg und Sensbachtal fusionierten im Januar 2018 zur neuen Stadt **Oberzent** (10 000 Einwohner), die nun flächenmäßig mit 165 km² die drittgrößte Stadt Hessens bildet. Seit mehr als 100 Jahren veranstaltet **Beerfelden** (17 km östl.) seinen Pferdemarkt, heute mit Kleinkunst, Musik, Kirmes und Gewerbeschau (www.beerfelder-pferdemarkt.de; Mitte Juli). Bei **Hetzbach** steht seit 1881 das 250 m lange, aus örtlichem Sandstein für die damalige Ludwigs- und spätere Odenwaldbahn erbaute Himbächel-Viadukt. Musikfreunden gilt **Finkenbach** (13 km südöstl.) als „Woodstock des Odenwalds"; seit 1977 kommen alljährlich Tausende zum Rockfestival (Mitte Aug.).

INFORMATION
Zukunftsoffensive Überwald GmbH, In der Gass 14b, 69483 Wald-Michelbach, Tel. 06207 94 24 26, www.ueberwald.eu

5 Lindenfels

Der heilklimatische Kurort (5000 Einw.) am Fuß der gleichnamigen Burg nennt sich Drachenstadt und ist eine Station des Nibelungensteigs. Die Stadtrechte verlieh Kaiser Ludwig IV. 1336.

„Wo viele Helden sich versammeln, sind auch die Drachen nicht mehr weit."
Martin Gerhard Reisenberg

Lindenfels war einst Besitz des Klosters Lorsch; vor der 600-jährigen Zugehörigkeit zur Kurpfalz residierte hier u. a. auch der Bruder Kaiser Friedrich Barbarossas.

SEHENSWERT

Die einst mächtige **Burg**, heute Ruine, wird bereits im 11. Jh. in der Chronik des Klosters Lorsch erwähnt. An ihrem Saum drängen sich Fachwerkhäuser und Barockbauten, darunter das **Kurpfälzische Amtshaus** (1723), das **Rathaus** (um 1745) und die **Kirche St. Peter und Paul** (1745 geweiht). Auch das **Fürther Tor,** einer der ältesten Teile der ehem. Stadtmauer, blieb erhalten, ebenso das dreiseitige, turmartige **Bollwerk** (14. Jh.). Der Kurgarten umfasst an der Burgmauer auch einen Heilpflanzengarten.

MUSEEN

In der kurpfälzischen Zehntscheune (1784) ist das **Lindenfelser Museum** zur Stadt- und regionalen Kulturgeschichte untergebracht (Burgstr. 39, Tel. 06255 3 06 44; April–Ende Okt. So. 14.00–17.00 Uhr). Im Haus Baureneck und im Bürgerturm informiert das **Deutsche Drachenmuseum** über Hintergründe zum Drachenmythos (In der Stadt 2, www.deutsches-drachenmuseum.de; Sa./So. 14.00–17.00, hess. Schulferien zudem Di., Do. 15.00–17.00 Uhr).

HOTEL

Viel Holz, Panoramablick, üppiges Frühstück und ein kleines Hallenbad hat das **€€ Landhaus Lortz** (Eberbach 3 a, 64385 Reichelsheim, Tel. 06164 49 69, www.landhotel.nu) zu bieten.

VERANSTALTUNGEN

Das **Lindenfelser Trachtenfest** ist das älteste seiner Art im Odenwald (Anf. Aug.) **Klassik Open Air** verwandelt den Burghof im Sommer in eine Opernbühne (Mitte Aug.).

UMGEBUNG

Über Lindenfels führt der insges. 130 km lange Odenwald-Fernwanderweg **Nibelungensteig**, der 2018 sein 10-jähriges Bestehen feiert (www.nibelungenland.net). Auf dem Friedhof von **Schlierbach** (2 km westl.) überraschen calvinistische Stickel-Gräber. Von Schlierbach bietet sich ein wunderbarer Blick ins Weschnitztal und bei gutem Wetter bis nach **Fürth** (7 km südl.), auf dessen Streuobstwiesen die Basis für Brände und Apfelwein wächst, sowie zum Höhenzug Tromm (577 m). Im Luftkurort **Reichelsheim** (7 km noröstl.) birgt das in seiner Bauweise älteste Fachwerkrathaus Deutschlands (1554) heute das Regionalmuseum (Rathausplatz 7, www.museum-reichelsheim.de; Feb.–Mitte Dez. So. 15.00–17.00 Uhr). **Schloss Reichenberg** (urspr. 13. Jh., 18. Jh.), Geburtsort des Naturforschers und Goethe-Freundes Nees von Esenbeck, ist heute öffentliche Tagungs- und Begegnungsstätte, mit Café und „Erfahrungsfeld" (www.schloss-reichenberg.de).

INFORMATION

Kur- und Touristikservice Lindenfels, Burgstr. 37, 64678 Lindenfels, Tel. 06255 3 06 44, www.lindenfels.de

Genießen   Erleben   Erfahren

DuMont Aktiv

Backen wie ein Weltmeister

Er trainiert nicht nur die deutsche Konditoren-Nationalmannschaft oder Patissiers in Japan. Bernd Siefert, der ehemalige internationale Champion seiner Zunft, gibt seine langjährige Erfahrung in Tagesseminaren auch gern an Laien weiter.

Künstler oder Pilot habe er werden wollen, gesteht der einstige Konditorweltmeister in der Vorstellungsrunde. Dann teilt er uns in Zweier- und Dreiergrüppchen ein. Jeweils eine Torte und ein Dessert gilt es umzusetzen. Für unsere Himbeer-Noir-Torte braucht es fünf Arbeitsschritte – vom Schokoladenbiskuit, über Knuspernougat, Fruchtgelee und Buttercreme bis hin zur Glasur.

Was machen wir zuerst? Wie lange muss die Butter geschlagen werden? Wie geht das mit der Gelatine? Viele Fragen, in jedem der Teams. Immer wieder schaut Bernd Siefert nach dem Rechten, berät, zeigt Kniffe, erzählt kleine Geschichten und gibt „süßes" Wissen preis. Beim Karamell für das Tonkabohnen-Eis lernen wir, wie es schön hell bleibt und dass es gut ist, wenn sich bei der Fingerprobe „ein starker Faden" zieht. Für die Deko unserer Torte experimentieren wir mit Schokolade, Spritztüte und Kälte. Auch über die Herstellung von Zuckerzier wissen wir am späten Nachmittag Bescheid. Wir beherrschen Pistazien-Grüntee-Financiers, kennen das Mischverhältnis für „Zigarettenmasse" – und den Unterschied zwischen deutscher, französischer und italienischer Buttercreme.

Tortenkunst für Jedermann

Bernd Sieferts Seminare stehen immer unter einem Motto. Das oben beschriebene Seminar heißt „Torten, Desserts und Dekorationen". Die Kurse im „Café Siefert" in Michelstadt richten sich an Amateure und Profis gleichermaßen.

Adresse: „Café Siefert", Braunstr. 17 a, 64720 Michelstadt, Tel. 06061 7 06 22 14
Dauer: Ganztags, von 10.00 bis 17.00 Uhr
Gruppengröße: 6 bis 12 Personen
Kosten: 165 Euro, inklusive Getränke
Infos, Termine: www.bernd-siefert.de

Das Auge isst mit, besonders bei Torten und Desserts. Die Produkte von Meisterkonditor Bernd Siefert schmecken nicht nur fantastisch – auch optisch sind es wahre Kunstwerke.

Zur Goldenen Krone
Fremden-zimmer
historischer Brauerei-Gasthof
nur hier täglich ofenfrisch
Schäufele u. Haxen
Schweinebraten

Vielfalt am Limes

Vom fränkischen Fachwerkstädtchen Miltenberg über den Wallfahrtsort Walldürn bis nach Osterburken reicht das Odenwälder Erbe der Römer, denn auf dieser Linie verlief der Limes. Amorbachs Barockpracht erwuchs aus einem Benediktinerkloster. Und im „Madonnenländchen“ um das Wallfahrtsziel Buchen zeigt die Unterwelt ein bizarres Innenleben.

Bummelmeile: Miltenbergs Hauptstraße durchzieht den Mainort der Länge nach.

Vom Miltenberger Marktplatz geht es durchs Schnatterloch hinaus in den Wald und zur Burg.

Von den Höhen der Mildenburg schweift der Blick über die Altstadt mit der Jakobuskirche und den Main hinauf.

Fachwerk säumt den Miltenberger Marktplatz, über dem die Mauern der Mildenburg aufragen.

Erntefreuden in der Edelobstbrennerei Ziegler in Freudenberg, das von Miltenberg nur ein paar Kilometer mainaufwärts liegt.

Tor zum Odenwald – da denkt man ans hessische Darmstadt, an Ober-Ramstadt oder das badische Schriesheim. Auch Heidelberg wird gern so genannt. Aber doch nicht Miltenberg. Dabei reicht der Odenwald weit hinein in unterfränkische Lande, und dort liegt die Mainstadt, im einstigen Spannungsbogen zwischen zwei Fürstbistümern. Mainzer Tor und Würzburger Turm begrenzen bis heute Miltenbergs Altstadt, in deren Fachwerkgassen fränkischer Wein und bayerische Gerichte serviert werden. Und das Tor zum Wald? Gleich hinter dem Marktplatz liegt ein uralter Durchschlupf namens Schnatterloch.

War es Liebe – oder Getreide?

Stand der römische Liebesgott Pate? Nein, nicht dem geflügelten Knaben mit dem Pfeil verdankt Amorbach seinen Namen, sondern wohl dem Sommerdinkel, auch Emmer genannt, im Mittelalter Amar. Amarbach hieß auch das Gewässer, an dessen Ufer der heutige Ort aus einer Klostersiedlung erwuchs. Aber die Liebe und Amor geisterten noch lange Zeit durch die Annalen Amorbachs und die Köpfe seiner Bewohner. So soll der Mönch Theodorich von Fleury nach einer Gichtheilung der lokalen Quelle, dem Marienbrunn, den Namen *sancti amoris fons* gegeben haben, heilende Quelle der Liebe. Eine andere Legende erzählt von einem Jünger im Gefolge des Pirmin von der Reichenau. Iroschotte sei er gewesen, dieser Amor, oder von romanischer Herkunft und als Missionar unterwegs am Oberrhein und im Elsass. Gaugraf Ruthard habe ihn und Pirmin in den Odenwald geholt, um 734 das Benediktinerkloster Amorbach zu gründen und die Gegend zu christianisieren. Pirmin soll mit dem Quellwasser des Amorsbrunnens die ersten Taufen vollzogen haben. Amor wurde, so heißt es, der Abt seines Klosters, das damals bestimmt noch weit entfernt war von der goldenen Pracht, die sich die Benediktinerabtei bis heute erhalten konnte. Wenngleich ihre geistliche und politische Bedeutung längst der Vergangenheit angehören – kulturell strahlen die Barockbauten weit hinein in den fränkischen Odenwald.

In Miltenbergs Fachwerkgassen wird fränkischer Wein serviert.

Römische Relikte

In der Schneidershecke erwartet den Wanderer eine Überraschung. Auf einer Lichtung liegen hier, am südlichsten Wegepunkt des Limespfades, bei Mudau, zwei eckige Steinfundamente – aufgemauert auf römischen Relikten, so ist zu erfahren. Wachtürme waren es einst, zur Sicherung des Odenwaldlimes. Einer der beiden wurde zum Heiligtum umgewidmet; man fand dort drei kopflose Statuen. Insgesamt gut siebzig Kilometer misst der Odenwälder Abschnitt des einstigen römischen Grenzwalls. Rund achtzig Wachttürme und zwanzig Kastelle mit je 120 bis 500 Soldaten säumten ihn zwischen Wörth am Main und Bad Wimpfen am Neckar. Eines der nördlichsten der kleinen Steinkastelle, *numerus* genannt, stand in Lützelbach. Noch 1813 war es, wie Johann Friedrich Knapp feststellt, „gut erhalten", inklusive der „schön behauenen Quader seiner Außenmauer". Knapp erforschte im Auftrag des Grafen Franz I. von Erbach den Odenwaldlimes. Vieles, was er entdeckte, ließ der Adelige abtragen und in den Park seiner Sommerresidenz in Eulbach bei Miltenberg bringen, wo aus originalen Fundsteinen Nachbildungen

Nach der 1000-Jahr-Feier des Klosters Amorbach 1734 entstand der Plan, die Abteikirche dem Zeitgeschmack entsprechend in Rokokoformen umzugestalten. 1747 war das Vorhaben überaus prachtvoll umgesetzt.

Die Innengestaltung der Amorbacher Abteikirche besorgten Wessobrunner Künstler.

Auch Amorbachs Pfarrkirche St. Gangolf besitzt eine große Orgel.

Seit dem „Blutwunder" 1330 ist Walldürn ein weithin bekanntes Wallfahrtziel; hier die Prozession an Christi Himmelfahrt.

erbaut wurden. Zum Glück traten und treten an der einstigen Römergrenze immer weitere antike Spuren zutage. So ist der *vicus* von Schloßau bei Mudau, wo man schon 1848 einen Grabstein mit Totenmahlszene aus dem 2. Jahrhundert entdeckte, die derzeit besterforschte Zivilsiedlung eines römischen Kastells am Odenwaldlimes. Auch in Oberscheidental wurde bereits im 19. Jahrhundert ein Kohortenkastell lokalisiert, dessen restaurierte *porta principalis dextra* heute von Weitem zu sehen ist. Bei Osterburken verstecken sich im Wald Reste eines Doppelkastells; bei den Ausgrabungen wurde seinerzeit auch ein beachtlicher Silbermünzenschatz gefunden.

Wallfahrt zum Leintuch

Es sind Hunderte. Sie tragen Wanderstiefel oder Turnschuhe, Rucksäcke oder Gürteltaschen. Einige haben Halstücher umgebunden, in zartem Gelb oder knalligem Rot. Die bunte Menschenschlange windet sich auf der schmalen Straße auf das Ortszentrum zu. Schaulustige stehen am Hang unter Bäumen – obwohl die Walldürner doch seit mehr als einem halben Jahrtausend die Pilgerscharen gewohnt sind, die alljährlich, vor allem im Frühsommer, aus allen Himmelsrichtungen in ihr Städtchen strömen, zu Fuß, per Rad, im Bus, auf Pferden oder Motorrädern und mit Reisemobilen. Gut 80 000 sind es jedes Mal. Und alle kommen wegen eines Stoffstückchens von der Größe einer Serviette. Ein Missgeschick wandelte es zur Reliquie. Zugetragen hat sich das Ganze im Mittelalter, anno 1330. Der Priester Heinrich Otto stieß während der Messe versehentlich den Altarkelch um. Der bereits gesegnete Messwein ergoss sich auf das darunter liegende Leinentuch, und auf dem Gewebe zeichnete sich, so heißt es, das Bild des Gekreuzigten ab, umgeben von elf *veronicae*, also Umrissen des mit Dornen umwundenen Hauptes Christi. Otto versteckte das Leinentüchlein angeblich „voll Schrecken" unter der Altarplatte und gestand erst auf dem Sterbebett das Geheimnis des „Blutigen Korporale".

Führung in der Eberstadter Tropfsteinhöhle bei Buchen und Salut vor einem Tagelöhnerhaus im Freilandmuseum in Gottersdorf. Dort steht auch ein Bauernhaus aus Neckarburken, das typisch ist für die ländliche Fachwerkbauweise um 1790 am Südrand des Odenwalds (im Uhrzeigersinn).

Die Region um Buchen wird gern als „Madonnenländchen" bezeichnet, denn zu Zeiten der Gegenreformation war sie ein Zentrum der Marienverehrung. Die Flurkapelle bei Bödigheim knüpft an diese Tradition an.

Egon Eiermann

Special

Die Moderne in Buchen

Strenge, einfache Geometrie ist das Markenzeichen seiner Entwürfe – im Möbeldesign wie bei der Gebäudeplanung. Egon Eiermann gilt als einer der bedeutendsten deutschen Architekten und Innenausstatter der Nachkriegsmoderne.

Der Neubau der Berliner Gedächtniskirche geht ebenso auf seine Pläne zurück wie der IBM-Campus in Stuttgart, das Abgeordnetenhochhaus in Bonn („Langer Eugen") oder die markanten Frankfurter Olivetti-Türme. Über dreißig Eiermann-Bauten stehen heute unter Denkmalschutz. Das 1953 entworfene filigrane Tischgestell „Eiermann 1" mit diagonalen Kreuzstreben ziert noch immer viele Büros.

Eiermanns väterliche Familienlinie stammte aus dem Odenwald. Egon erblickte in der Nähe von Potsdam das Licht der Welt, besuchte aber regelmäßig die Großeltern in Buchen, quartierte sich dort kurz nach Kriegsende im Stadtturm ein, verpflegt von

Im Buchener Hotel „Prinz Carl"

der Hoteliersfamilie Schmitt, und arbeitete als selbständiger Architekt und Leiter der Bauplanungsbehörde für den gesamten Landkreis. 1947 wurde er Professor für Architektur an der TH Karlsruhe, der er bis zu seinem Tod treu blieb. 1967 entstand unter seiner Leitung ein Anbau für das Schmitt'sche Hotel „Prinz Carl" in Buchen. Der Trakt ist bis heute in seiner Funktion erhalten, samt dem von Eiermann entworfenen Mobiliar.

Man fand das Tuch an der angegebenen Stelle. Schnell verbreitete sich die Nachricht vom „Heilig-Blut-Altar", und bald kamen die ersten Pilger nach Walldürn. Inzwischen wurde dort ein Großer Blutfeiertag ausgerufen, an dem sich, eine Woche nach der Fronleichnamsprozession, ein zweiter festlicher Umzug durch die geschmückten Gassen drängt.

Im Bauch der Erde

Auch in Buchen sorgte ein Zufall für eine Sensation, allerdings erst vor rund vierzig Jahren. Man schrieb den 13. Dezember 1971, im Steinbruch im Ortsteil Eberstadt waren routinemäßige Sprengarbeiten angesetzt. Nach einer der Detonationen klaffte plötzlich ein großer Spalt in der Wand, rund zwei Meter breit und einen Meter hoch. Erste vorsichtige Erkundungen zeigten, dass sich dahinter eine Höhle auftat – die bislang erste Süddeutschlands im sogenannten Unteren Muschelkalk, wie sich bald herausstellte. Auf einer Länge von gut 600 Metern reihen sich darin Stalagmiten und Stalagtiten zu bizarrsten Formen. Inzwischen wurde die Eberstadter Tropfsteinhöhle vom Netzwerk Europäischer Geoparks sogar zu einem von insgesamt nur vier Geopark-Eingangstoren im Odenwald bestimmt, und die Besucher dürfen sich über einen neuen Stollenzugang freuen.

MIT DEM RANGER UNTERWEGS

Gesteine, Pflanzen und Skulpturen

Im Geo-Naturpark Bergstraße Odenwald führen speziell ausgebildete Guides Wandergruppen unter Gesichtspunkten wie Geologie, Biologie oder Kultur.

Kurioses am Wegesrand: „Aus geologischer Sicht ist die Skulptur falsch herum aufgebaut."

Ist jemand geologisch oder mineralogisch vorgebildet?“, fragt Michael Kauer, nachdem er sich vorgestellt hat. Fast alle in unserem Grüppchen schütteln den Kopf. Es ist Samstag, halb neun Uhr morgens, und wir stehen mit dem Geologen und Naturpark-Ranger auf der Kreidacher Höhe. Bevor wir losstiefeln zu unserer kleinen Wanderung auf dem W 3, entrollt der gebürtige Lautertaler erst mal eine große Karte. Farbig sind die Höhenrücken, Talkessel und Ebenen nicht nur des Odenwalds, sondern auch anderer hessischer Mittelgebirge darauf eingezeichnet – genauer: ihre Gesteinsarten. „Die Tromm hier ist der letzte Granitrand.“ Östlich des Höhenzugs beginne dann, so Kauer, der Buntsandstein-Odenwald.

Naturpark-Ranger Michael Kauer holt Gesteinsproben aus dem Boden.

Falsch aufgebaute Kunst

Zunächst entdecken wir jedoch Kunst am Wegesrand. Eine weibliche Figur aus Buntsandstein und Granit. Gelbliche Flechten nisten wie Schmuckstücke in ihrem Haar. Aus geologischer Sicht sei die Skulptur falsch aufgebaut, schmunzelt unser Guide. Vom Alter des Materials her müsste man oben und unten tauschen. Bei den nächsten Plastiken des Kunstwegs stellt sich das Problem nicht mehr: Die Künstler beschränkten sich auf eine Gesteinsart und kombinierten sie mit Holz oder Metall.

„Ganz kurz würde ich hier am Acker halten“, bittet Ranger Michael nun. Ein rascher Griff in den Boden, „leicht sandig“, und ein paar Bemerkungen zu „Sandsteintaschen“ im Granit. Aber auch zum Panorama: „Die lang gezogenen, flachen Bergrücken, bedeckt mit Wald, sind ganz typisch für den Odenwald.“

Golden liegt das Sonnenlicht über dem weiten Grün am Saum unserer Strecke, streichelt Maisfelder und Wiesen, flirrt durch Buchenblätter. Von der Grube Messel im Norden bis runter zum Neckartal im Süden erstrecken sich diese sanften Kuppen des Naturparks, der sich seit 2015 „UNESCO Global Geopark“ nennen darf.

Beim nächsten Zwischenhalt geht es um die einstigen Viertausender im Odenwald. Und um Geschichte – inklusive der damit verbundenen Sagen und Legenden. Wie jene vom Ritterstein, der daran erinnert, dass sich hier in Zeiten der Hungersnot zwei Ritter wegen einer Feldmaus erschlugen. Wir sehen das Steinkreuz allerdings nicht, es steht im hohen Maisfeld. Weiter also!

Tropisches Klima

Ebenso anschaulich wie humorvoll erklärt uns Michael immer wieder geologische Besonderheiten – „Wir laufen quasi auf dem Sockel eines Vulkans“ – und schlägt Bögen zu anderen Themen: „Gadern ist eines der letzten Odenwalddörfer mit Bauernhöfen zu beiden Seiten der Straße.“ Beim Abstieg lässt er uns in einem Hohlweg raten, was er dort unter einer freiliegenden Wurzel gefunden hat. „Zwei Mal Granit.“ Verblüfft schauen wir auf den kleinen Stein in seiner einen Hand und etwas, das aussieht wie Rindenmulch, in der anderen. „Diese Verwitterungsart gibt es nur in tropischem Klima.“ Aha. Also war es hier vor Millionen Jahren wohl mal feucht und heiß. Wie in Messel. Dort hat Ranger Michael übrigens auch fünf Jahre gearbeitet. Und im Felsenmeer. Jetzt will er uns aber noch das Steinkreuznest am Rand von Wald-Michelbach zeigen, unweit des Draisinenbahnhofs. Danach geht es wieder hinauf zur Kreidacher Höhe.

Fachkundig begleitet

Im Geo-Naturpark Bergstraße-Odenwald sind derzeit rund 30 Ranger im Einsatz. Sie werden in einem viermonatigen Ausbildungsblock speziell geschult und arbeiten parkweit. Ihre Themenschwerpunkte reichen von Naturpädagogik bis Geologie.

Buchung und Informationen: Tel. 06251 707 99 20 oder **www.geo-naturpark.net**

Maßstab 1:200.000
4km
Naturpark Spessart
WÖRTH am Main
KLINGENBERG am Main
Collenberg
STADTPROZELTEN
Dorfprozelten
Faulbach
Hasloch
Kreuzwertheim
WERTHEIM
Lützelbach
Großheubach
Kleinheubach
FREUDENBERG
Bürgstadt
MILTENBERG
Eichenbühl
Neunkirchen
Weilbach
KÜLSHEIM
AMORBACH
Schneeberg
Kirchzell
Odenwald
Höpfingen
Hardheim
WALLDÜRN
BUCHEN (Odenwald)
Mudau
Naturpark
Limbach
Waldbrunn
Fahrenbach
Neckartal
Neckargerach
Elztal
Seckach
Rosenberg
OSTERBURKEN
RAVENSTEIN
Schefflenz
ADELSHEIM
MOSBACH
Obrigheim
Billigheim
MÖCKMÜHL
Schöntal
Ahorn
Deutsche Limes-Straße
Nibelungenstraße
Deutsche Fachwerkstraße
Siegfriedstraße
Badische Weinstraße
1
2
3
4
5
6

Römererbe und Fürstenglanz

In der Nähe des heutigen Miltenberg stieß der Limes auf den Main. Weltliche und geistliche Fürsten sorgten für eindrucksvolle Abtei- und Schlossbauten in der Region, während viele Ortskerne bis heute von prächtiger Fachwerkarchitektur geprägt sind.

1 Miltenberg

An einem Mainknie zwischen Odenwald und Spessart gelegen, wurde die aus einem Kastell am Vorderen Limes erwachsene, bis heute mittelalterlich geprägte Stadt (9000 Einw.) als Besitz des Erzbischofs von Mainz 1237 erstmals erwähnt. Schifffahrt und Fischerei, Weinbau und Braukunst, Holz- und Buntsandsteinverarbeitung bildeten bis ins 19. Jh. die Basis für Wachstum und Blüte der lang gestreckten Ufersiedlung. Nach Eröffnung der Maintalbahn in den 1870er-Jahren siedelte sich auch Industrie an.

SEHENSWERT

Die zwischen Mainufer und Greinberg gedrängte **Altstadt** TOPZIEL wird von der klassizistischen **Pfarrkirche St. Jakobus** (urspr. 14. Jh., 19. Jh.) überragt und war im Mittelalter befestigt. Das **Mainzer Tor** wurde 1379 erstmals als westlicher Begrenzungspunkt erwähnt; auch der **Würzburger Turm** (um 1400) im Osten ist erhalten. Auf dem von Fachwerkhäusern gerahmten **Marktplatz** steht der Renaissance-Marktbrunnen (1583). Das **Alte Rathaus,** 1379 als Stadtwaage erwähnt, diente auch als Kauf- und Lagerhaus. Durch den **Schnatterlochturm** – der Name leitet sich von *snade* (Grenze) ab, denn der nahe Regenwassergraben war einst die Stadtgrenze – gelangt man direkt in den Wald. Dem heute von der ortsansässigen Brauerei Faust bewirtschafteten **Gasthaus zum Riesen** (1590 mit gotischen Resten) gaben schon illustre Gäste die Ehre. Durch den Renaissance-Torbogen neben dem ehem. Centgrafenhaus führt ein Fußweg hinauf zur **Mildenburg** mit ihrem fast 30 m hohen Bergfried. Sie wurde 1200 vom Mainzer Erzbischof als östliche Grenzsicherung errichtet und birgt heute ein Museum.

Miltenberg: „Gasthaus zum Riesen" (1590); Marktbrunnen (1583)

Tipp

Nicht nur für Pufferküsser

Im alten Bahnhof von Amorbach lebt die Eisenbahntradition weiter. Ein kleines Museum im Obergeschoss hält die Erinnerung an die über 175-jährige Geschichte des Odenwalder Schienenverkehrs wach. Im Untergeschoss befindet sich derzeit ein Restaurant im Stil von Zugabteilen und eines Wartesaals in der Neueröffnung (vsl.: Sommer 2018). Deftige Kost und diverse Bierspezialitäten sollen dann hier serviert werden. Auf den Gleisen stehen historische Salon- und Schlafwagen.

Führungen nach Voranmeldung, Tel. 0160 97 44 14 60, Am Bahnhof 1, www.eisenbahnfreunde-westfrankenbahn.de

MUSEEN

Die **Alte Amtskellerei** (16.–18. Jh.) beherbergt das stadtgeschichtliche **Museum.Stadt.Miltenberg** (Hauptstr. 169, www.museum-miltenberg.de; April–Okt. Di.–So. 10.00–17.30, Nov. bis Jan. Mi.–So. 11.00–16.00 Uhr). Die Mildenburg ist Sitz des **Museum.Burg.Miltenberg** mit moderner Kunst und einer Ikonensammlung (www.museum-miltenberg.de; April–Okt. Di. bis Fr. 13.00–17.30, Sa./So. ab 11.00 Uhr).

HOTEL UND RESTAURANT

Das **€€€ Brauhaus Faust** im ältesten Gasthaus Deutschlands bringt deftige Speisen und eigens gebrautes Bier auf den Tisch (Hauptstr. 99, 63897 Miltenberg, Tel. 09371 98 99 48, www.riesen-miltenberg.de). Im traditionsreichen **€€ Jagdhotel Rose** empfängt Familie Schneider seit über 30 Jahren Gäste. Im „Rose"-Restaurant hausgemacht: die herrliche Brotvielfalt (Hauptstr. 280, 63897 Miltenberg, Tel. 09371 4 00 60, www.jagdhotel-rose.de; Mo. und Di. geschl.).

AKTIVITÄTEN

Unter dem Motto „Miltenberg 14 Uhr" bietet der Tourismusverband Churfranken tgl. **Themenführungen** durch die Stadt, für die keine vorherige Anmeldung nötig ist (max. 1,5 Std.; www.miltenberg14uhr.de).

INFORMATION

Tourismusgemeinschaft Miltenberg/Bürgstadt/Kleinheubach, Engelplatz 69 (Rathaus), 63897 Miltenberg, Tel. 09371 40 41 19, www.miltenberg.info

2 Amorbach

In einem geschützten Talkessel, umgeben von dicht bewaldeten Höhenzügen und Hügeln, liegt der Kern des barock geprägten, aus einem Benediktinerkloster erwachsenen Luftkurorts (4300 Einw.), der 1253 Stadtrecht erhielt. Seit

1803 ist Amorbach der Stammsitz der Fürsten von Leiningen, zu deren Besitz auch die ehem. Abtei gehört.

SEHENSWERT

Hauptattraktion des Städtchens ist die 794 gegründete, im 18. Jh. prachtvoll umgestaltete **Benediktinerabtei** TOPZIEL am Schlossplatz. Sie umfasst die viertürmige, im Rokokostil ausgestattete Abteikirche mit der berühmten Orgel der Gebrüder Stumm, den Konventbau mit der Klosterbibliothek im sog. Zopfstil sowie den Fürstlichen Seegarten (Infos zu Führungen gibt die Tourist-Info). Über den schmalen **Altstadtgassen** rund um den Markt mit dem mittelalterlichen **Rathaus** (1478) und der Mariensäule reckt sich das Zwiebelturmpaar der barocken **Pfarrkirche St. Gangolf** (um 1750). Unter den Fachwerkbauten besticht besonders das **Templerhaus** (1291), ein städtischer Adelssitz. In der mittelalterlichen **Zehntscheuer** (1488) ist eine Kleinkunstbühne eingezogen (www.zehntscheuer-amorbach.de).

INFORMATION

Informationszentrum Bayerischer Odenwald, Schlossplatz 1, 63916 Amorbach, Tel. 09373 20 05 74, www.amorbach.de

3 Walldürn

In einer Schenkung an das Kloster Lorsch 794 wird der heutige Wallfahrtsort (11 500 Einw.) erwähnt. Im 12. Jh. belieh Barbarossa einen Edelherrn mit Burg und Dorf Durne, später Grafenresidenz (13. Jh.), deren „Blutwunder" (1330) bereits 1445 päpstlich anerkannt war.

SEHENSWERT

Haupt- und Klosterstraße bilden die zentralen Achsen der Altstadt mit Resten der **Stadtmauer** (1335 vollendet) und dem Fachwerk-**Rathaus** (1448). Nahe der **Wallfahrtsbasilika** (1698) stehen die einstige Burg und spätere **Mainzer Kellerei** (1492) sowie der **Mollenhof** aus dem 16./17. Jh. Mittelalterliche Bebauung ist an der Untergasse erhalten geblieben. Das **Industriedenkmal Samenklenge/Bummerndörre** (um 1850) steht südl. des Miltenberger Torplatzes; bis ins späte 20. Jh. wurden hier Tannensamen für die Forstwirtschaft produziert. Vom Badegebäude eines **römischen Kleinkastells,** 2 km südöstl. des Bahnhofs, sind die Grundmauern konserviert.

UMGEBUNG

Über die erste Hälfte des 2,5 km langen **Limeslehrpfads** mit Relikten römischer Wachtürme (u. a. bei Glasofen und Gerolzahn; nördl.) gelangt man zum **Kleinkastell Haselburg** bei Reinhardsachsen (7 km nördl.; www.limesseiten.de). Am ehem. Fischteich des Klosters Amorbach (9 km nördl.) gibt das **Odenwälder Freilandmuseum** mit ca. 15 Gebäuden Einblick in die einst einfache, karge Lebenswelt Nordostbadens (Weiherstr. 12, Gottersdorf, www.freiland museum.com; Mai–Sept. Di.–So. 10.00–18.00, April, Okt. bis 17.00 Uhr).

INFORMATION

Tourist-Information, Hauptstr. 27, 74731 Walldürn, Tel. 06282 6 71 07, www.wallduern.de

4 Buchen

Auch die von Wald- und Wiesengrün umgebene weitläufige 1200-jährige Stadt (18 000 Einw.) birgt Relikte des Limes. Der Grenzwall durchläuft das Stadtgebiet und berührt die Gemarkungen von Hettingen, Rinschheim und Götzingen. Buchen liegt mitten im „Madonnenländchen" – wegen der vielen Bildstöcke und Madonnenstatuen aus der Zeit der Gegenreformation so genannt.

SEHENSWERT

Markantestes Bauwerk am Marktplatz ist das **Alte Rathaus** (1723) mit den steinernen Neidköpfen, die böse Geister fernhalten sollten. Vom einstigen Wohlstand zeugen auch das benachbarte Barockhaus mit den herrlichen Torbögen und die **Stadtkirche St. Oswald** (14. Jh.). Der moderne **Narrenbrunnen** verweist auf die Karnevalstradition der Stadt. Über die Fußgängerzone gelangt man zum **Stadtturm** (ab 14. Jh.), dem letzten von einst vier Stadttoren. Die nahe **Mariensäule** wurde 1754 nach den Pestzeiten

Markantestes Bauwerk am Buchener Marktplatz ist das Alte Rathaus.

Altes Rathaus in Buchen; Römermuseum Osterburken

errichtet und ist heute Wahrzeichen des Madonnenländchens. Im **Beginenklösterle** (urspr. um 1500, heute Bücherei des Judentums) widmeten sich Laienschwestern der Armenpflege.

MUSEUM

Im Hof der ehem. **Kurmainzischen Kellerei** (1493) wurde Götz von Berlichingen während des Bauernkriegs zum Hauptmann erkoren. Heute findet sich hier das **Bezirksmuseum** (Kellereistr. 25–29, www.bezirksmuseum.de; So. 14.00–17.00, Mi. 17.00–19.30 Uhr, Nov.–April nur Mi. und jeden 1. So. im Monat) mit Exponaten u. a. zur Geologie der Region und zur Präsenz der Römer.

VERANSTALTUNGEN

Auf eine gut 500-jährige Tradition blickt die **Buchener Faschenacht** zurück. Höhepunkte sind der „Gänsemarsch" am Sonntag und der Rosenmontagszug (www.huddelbaetze.de).

UMGEBUNG

Bequem begehbar ist die 600 m lange **Eberstadter Tropfsteinhöhle** (8,5 km südl.) mit bizarren Gesteinsformationen (www.tropfstein hoehle.eu; Führungen Mai–Aug. tgl. 10.00–16.00, März, April, Sept., Okt. Di.–So. 10.00–16.00, sonst Sa./So. 13.00–16.00 Uhr).
Aus einem internationalen Studentenprojekt entstand 2009 die moderne hölzerne Flurkapelle von **Bödigheim** (8 km südw.).

INFORMATION

Verkehrsamt, Hochstadtstr. 2, 74722 Buchen, Tel. 06281 27 80, www.buchen.de

5 Osterburken

Das von der Kirnau durchflossene Städtchen (6500 Einw.) am UNESCO-Welterbe Obergermanisch-Rätischer Limes ist aus einem großen römischen Kastell hervorgegangen. 1356 wurde dem Ort das Stadtrecht verliehen.

SEHENSWERT

Hauptattraktion ist das **Römermuseum** TOPZIEL. Auf der Basis großherzoglicher Sammlungen präsentiert der moderne Bau archäologische Funde aus Osterburken und der Region und illustriert das Leben der Römer am Limes (Römerstr. 4, www.roemermuseum-osterburken.de; Sommer Di.–So. 10.00–18.00, Winter bis 17.00 Uhr). Als Parkanlage ist das Kohorten-

MUSEUM

Das **Stadt- und Wallfahrtsmuseum** in einem Patrizierhaus, dem im Jahr 1558 erbauten Haus zum „Güldenen Engel, zeigt auch römische Funde (Hauptstr. 39, www.heimatmuseum-in-wallduern.de, derzeit wg. Renovierung geschl.).

kastell noch zu erahnen; die konservierten Mauern und Gräben der Kastellerweiterung geben ein eindrückliches Bild von der Größe der antiken Wehranlage.
Im Wald nördl. und südl. von Osterburken ist der **Limes** auf etwa 1 km erhalten; an zwei Stellen wurden die Grundmauern der Wachtürme konserviert. In Ortsnähe steht der Nachbau eines Wachturms und eines Stücks des römischen Grenzwalls im Bauzustand des 3. Jh.

UMGEBUNG
Auf der Marienhöhe (4 km südöstl.) liegt der **Freizeitpark Adventon.** Mit alten Handwerkstechniken entsteht hier auf 7 ha nach mittelterlichem Vorbild ein Städtchen mit Rathaus, Kathedrale, Sägewerk, Backstube und Seilerei überwiegend in Handarbeit mit damaligen Materialien, Werkzeugen und Methoden. Zudem gibt es Turniere, Feste und Workshops (www.mittelalterpark.de; April–Okt. Sa., So. und Fei. 11.00–18.00 Uhr).

INFORMATION
Bürgermeisteramt, Marktplatz 3, 74706 Osterburken, Tel. 06291 40 10, www.osterburken.de

6 Mosbach

Unter den Grafen von Pfalz-Mosbach erlebte das Klosterstädtchen an der Elz im 14. Jh. seine große Blüte. Über ein Dutzend Mühlen und ebenso viele Brauereien sorgten über Jahrhunderte für Wohlstand. Inzwischen ist Mosbach (25 000 Einw.) ein lebendiges Einkaufs- und Ausflugsziel, vor allem für Radfahrer, die in und um Mosbach diverse ausgeschilderte Nah- und Fernstrecken finden. Außerdem knüpfen hier sieben „Geopunkte“ an die Infrastruktur des UNESCO-Naturparks an.

SEHENSWERT
In der autofreien Altstadt mit dem **Markt- und Kirchplatz** beeindruckt besonders das fachwerkverzierte **Palm'sche Haus** (1610). Das Renaissance-**Rathaus** (um 1555) wurde auf den Resten einer älteren Kirche errichtet. Das älteste sichtbare Fachwerk trägt das **Salzhaus** (um 1450). Die **Stiftskirche** (urspr. 14. Jh.) dient seit 1701 Katholiken und Protestanten gleichermaßen. Der historische **Stadtpark** stammt von 1913/1914.

MUSEEN
In den Räumlichkeiten des **Alten Hospitals** (urspr. 15. Jh.) ist das **Stadtmuseum** u. a. mit einer Sammlung regionaler Fayencen untergebracht (Hospitalgasse 4, Tel. 06261 89 92 40; April–Okt. Mi., So. 15.00–18.00 Uhr). Teil des Museums ist das schmale **Haus Kickelhain** (18. Jh.) auf lediglich 26 m² Grundfläche mit Odenwälder Wohnkultur.

INFORMATION
Tourist-Information, Marktplatz 4, 74821 Mosbach, Tel. 06261 9 18 80, www.mosbach.de

Genießen Erleben Erfahren

DuMont Aktiv

Radeln auf der Bahntrasse

Wo vor gut 100 Jahren erstmals ein Personenzug gemächlich über die Gleise ratterte, können heute Radfahrer auf einem befestigten Weg durch die abwechslungsreiche Naturlandschaft des südöstlichen Odenwalds rollen. „Ab dem Loretto-Park an der Elz entlang“, erklärt man uns freundlich in der Touristeninformation, vor der wir unsere Leihräder abholen. Bevor wir das einstige Landesgartenschau-Gebiet erreichen, müssen wir jedoch erst einmal schieben: Mosbachs Fachwerk-Altstadt ist reine Fußgängerzone. Aber bald strampeln wir durch abwechslungsreiche Natur.

Schattige Waldstücke, üppige Blumenwiesen, weite Kornfelder – selten kreuzt eine Straße unsere Strecke. Dafür stehen einige Bahnhofshäuschen an ihrem Saum. Kein Wunder, folgt sie doch der einstigen Trasse einer Schmalspurbahn. Odenwald-Express nannten die Einheimischen das „Zügle“, das von 1905 bis 1973 den südöstlichen Odenwald erschloss. Heute sind die historischen Haltestationen in Privatbesitz und bergen mitunter eine Gaststätte, wie etwa in Lohrbach, wo sich wenig später am Wegesrand ein kleines Mühlrad dreht als Erinnerung an das einstige große im Ort.

In Trienz weist uns das Streckenemblem bergan, und bald stehen wir vor einem Gastgarten, dessen Name von den römischen Wurzeln des Ortes kündet: als Kleinkastell an der älteren Linie des Neckar-Odenwald-Limes. Alternativ wartet, etwas abseits des Weges, die „Linde“ mit ihrem schattigen Biergarten auf Gäste. Gut gestärkt treten wir für die zweite Tourhälfte bis Mudau in die Pedale ...

Strecke: 27,3 km lang ist die „Wanderbahn“-Strecke zwischen Mosbach und Mudau; 21 km davon verlaufen auf der historischen Bahntrasse Mosbach – Lohrbach – Sattelbach – Fahrenbach – Trienz – Krumbach – Limbach – Laudenberg – Langenelz – Mudau.
Leihräder (derzeit nur E-Bikes – es sind knapp 300 Höhenmeter zu überwinden) gibt es über die Tourist-Info in Mosbach.

MUSE

Leben im Quadrat

Mannheim trägt viele Etiketten: Arbeiterstadt, Erfinderstadt, Musikstadt ... Auf jeden Fall ist die kurfürstliche Gründung zwischen Neckar und Rhein heute auch ein Schmelztiegel der Kulturen. Zum Einkaufen, Plaudern oder für ein kulinarisches Päuschen treffen sich die „Monnemer" im geometrisch angelegten Zentrum – ähnlich wie viele, die von weither anreisen, um die historischen Quadrate vor dem mächtigen Barockschloss zu erkunden.

In der Fassade des „Museums Weltkulturen" spiegelt sich das Mannheimer Rathaus, für das in der NS-Zeit ein ganzes Quadrat abgerissen wurde.

Mannheims Barockschloss dient heute der Universität als Domizil. Die Prunkräume aber sind als Schlossmuseum der Öffentlichkeit zugänglich.

Der Speisesaal im Barockschloss Mannheim ist mit kostbaren Gobelins geschmückt.

Zu den Glanzlichtern des Mannheimer Schlosses gehört das repräsentative barocke Treppenhaus.

Es ist heiß an diesem Augustvormittag in Mannheim. Der Schlossplatz liegt in gleißendem Sonnenlicht. Trotzdem tragen die vielen jungen Menschen, die sich hier in kleinen Grüppchen versammelt haben, einen schwarzen Umhang und eine schwarze Kopfbedeckung. Es sind Absolventen der Mannheim Business School, die ihren Master feiern – mit Talar und eckigem „Doktorhut". Viele der Diplomierten stammen aus anderen Ländern. Mannheim rühmt sich mit fast 170 Nationalitäten unter seinen Einwohnern.

Fremde gehörten schon früh zum Alltag der Stadt an den zwei Flüssen. Calvinistische Glaubensflüchtlinge aus den Niederlanden ließen sich ebenso an den Ufern von Neckar und Rhein nieder wie zahlreiche jüdische Immigranten, deren Ansiedlung die Kurfürsten insbesondere nach den Stadtzerstörungen im 17. Jahrhundert gezielt förderten. Die erste Synagoge wurde bereits 1660 errichtet. Drei Jahrhunderte später kamen mit der zweiten Gastarbeiterwelle viele Einwanderer aus der Türkei und damit erstmals eine nennenswerte Anzahl von Muslimen nach Mannheim. Inzwischen gibt es ein Deutsch-Türkisches Wirtschaftszentrum, und bereits 1995 wurde am Luisenring die Yavuz-Sultan-Selim-Moschee erbaut, seinerzeit die größte Moschee Deutschlands. Das zehn Jahre später erneuerte Minarett prägt seither den Stadtteil Jungbusch – und wetteifert mit dem Turm der nahen katholischen Liebfrauenkirche.

Multikulti und Musik

Der Jungbusch steht aber nicht nur für Multikulti, sondern auch für Musik. Nur ein paar Schritte entfernt von den Döner-Lokalen und Cocktailbars, von der mit Graffiti verzierten Spielplatzmauer und dem in Weiß gehaltenen Edelbistro wummern Technoklänge unter einem noch tagblauen Sommerhimmel. Das Konzert am Rhein-Neckar-Verbindungskanal ist bereits an der Popakademie zu hören; so mancher Student hockt dort einfach auf dem Boden. Andere machen

Junges Mannheim: Livemusik vor der Alten Feuerwache an der Brückenstraße; Blick vom Wasserturm auf die Augustaanlage, einen Teil der Kulturmeile; Kneipenszene im Ausgehviertel Jungbusch (im Uhrzeigersinn)

Eine „Stadt in der Stadt" sein soll der im Juni 2018 eröffnete Neubau der Kunsthalle Mannheim. Als Ensemble mit dem Jugendstilbau wirken Tradition und Neue Sachlichkeit hier im Einklang.

In den 1880er-Jahren entstand der Friedrichsplatz mit dem Mannheimer Wahrzeichen, dem Wasserturm, dessen Baustil sich an antiken Monumentalbauten orientiert.

es sich auf den breiten Holzplanken am Kanalufer bequem oder am Rasenhang vor den Gebäuden des Musikparks, des ersten (und bislang einzigen) Existenzgründungszentrums für die Musikbranche in Deutschland. Seit 2004 haben sich auf dessen 6000 Quadratmetern rund sechzig Firmen aus der musikorientierten Kreativwirtschaft angesiedelt.

Stadtviertel mit Potenzial

Und es tut sich noch mehr in Mannheim, vor allem an den Rändern. Ihre Stadt, so sagen die Einheimischen, sei eine Stadt der Vororte. Zwar drängen sich im schon unter Kurfürst Friedrich IV. angelegten gitterartigen Kern die Shoppingadressen und das Gros der Mannheimer Museen. Aber jenseits des Luisenrings wuchsen und wachsen Viertel mit ganz eigenem Charakter. So haben sich hinter der Alten Feuerwache, in der sommers kostenfreie Livekonzerte auf dem Programm stehen, ganze Straßenzüge aus der Zeit des Jugendstils erhalten – im Gegensatz zum Zentrum, das über weite Bereiche den Bomben des Zweiten Weltkriegs zum Opfer fiel. In Neckarstadt baute 1998 der französische Architekt Yves Bayard eine ehemalige Kartonagenfabrik zur Firmenzentrale des international renommierten Modelabels von Dorothee Schumacher um. Und an der Hafenstraße entstehen in der ehemaligen Kauffmannmühle und anderen historischen Industriebauten Lofts und neue Gewerberäume. Schon geraume Zeit ist gegenüber, in einem Hinterhof, der Verein „zeitraumexit“ mit vielfältigen Kunst- und Kulturprojekten präsent.

Jenseits des Luisenrings wachsen neue Viertel.

Wirklichkeit ist auch die Umwidmung des ehemaligen Notgetreidespeichers am Rheinvorlandufer, in unmittelbarer Nähe des Anlegers für Kreuzfahrtflussschiffe. Ein Hotel zog in das markante Gebäude ein. Seine Fassade schmückt

Im Mannheimer Technoseum kann man der technischen, sozialen und politischen Entwicklung der letzten 300 Jahre nachspüren (oben).
Zweirad- und Automobilgeschichte ist im Automuseum Dr. Carl Benz zu erleben, das in der historischen Benz'schen Fabrik in Ladenburg beheimatet ist (unten).

Die Idee, ein einfaches Fahrzeug mit zwei Rädern in einer Spur zu konstruieren, war technisch bahnbrechend: „Draisinen" im Mannheimer Technoseum.

Special

Erfinder und Tüftler

Wunder aus Mannheim

Technoseum: Geldgeber Fritz von Opel ließ Hatrys Namen auf der RAK 1 übermalen.

Drais, Benz, Hatry – ein Trio, das für ein Stück Technikgeschichte steht. Genauer: für das erste Fahrrad, das erste Benzinautomobil und das erste Raketenflugzeug der Welt.

Karl Friedrich Freiherr Drais von Sauerbronn hatte Zeit zum Tüfteln. Er ersann Maschinen zum Schnell- und Notenschreiben, zum Fleischkochen und schließlich zum Laufen. Seine erste Fahrt mit dem hölzernen Zweirad führte zum Relaishaus in Rheinau. Bald sah man die „Draisine" so zahlreich, dass ihre Nutzung auf Gehwegen 1817 verboten wurde. 1886 jubelten die Zeitungen über die Jungfernfahrt des dreirädrigen Benz Patent-Motorwagens Nr. 1. Und 1929 machte sich der Mannheimer Segelflugzeugkonstrukteur Julius Hatry an den Bau der RAK 1, ein von drei Feststoffraketen angetriebenes Flugzeug.

ein riesiges, leicht verfremdetes weibliches Doppelporträt.

Baukulturelle Werte

Das Gespür für gute Architektur bei den Mannheimern zu schärfen, war nur eines der Ziele des Projekts „Sehstationen"; feuerrote Quader, die seit 2012 temporär vor außergewöhnlichen Bauwerken der Stadt aufgestellt werden. Darüber hinaus wurde jüngst die von Frei Otto entworfene „Multihalle" im Herzogenriedpark vor dem Abriss bewahrt und soll in Zukunft als offener gesellschaftlicher Raum fungieren. 2018 wurde die bis heute weltweit größte frei geformte Holzgitterschalenkonstruktion sogar auf der 16. Internationalen Architektur-Biennale in Venedig präsentiert. Interessant sind auch die Stelen der Mannheimer „Stadtpunkte": Mehr als hundert davon geben allein in der Innenstadt Auskunft über historisch relevante Gebäude wie die 1959 erbaute Trinitatiskirche, aber auch über Personen, Institutionen und Erfindungen aus 400 Jahren Geschichte.

Grün in allen Facetten

Vor dem Rathaus parkt unweit einer „Stadtpunkt"-Stele ein mit Grünzeug bepflanzter Kinderwagen. „Die Mannheimer Kräuterkiste," erklärt freundlich eine Passantin, „zur Einstimmung auf

Versailles stand Mitte des 18. Jahrhunderts Pate für die barocke Schlossanlage in Schwetzingen und ihren Schlosspark. Die der damaligen Asienmode geschuldete, um 1790 errichtete Moschee im Türkischen Garten (unten) war dort seinerzeit das teuerste Bauwerk.

die BUGA." Die Bundesgartenschau findet allerdings erst 2023 in Mannheim statt – als Hauptausstellungsflächen sind das Konversionsgelände der Spinelli-Barracks sowie die Feudenheimer Au vorgesehen. Schon heute mangelt es nicht an Grün- und Blütenflächen; sei es der Luisenpark oder der Herzogenriedpark in der Neckarstadt Ost oder seien es die Oasen an den Flussufern, am Kanal oder um den Wasserturm. Selbst der

In Mannheim mangelt es nicht an Stadtgrün.

Hauptfriedhof spendet im Stadtgebiet Frischluft. Bekannte Namen sind hier zu finden, wie der von Wolfgang Heribert von Dahlberg, dem Intendanten der Uraufführung von Schillers „Die Räuber" am örtlichen Nationaltheater. Auch der Schriftsteller August von Kotzebue ist hier begraben – ebenso wie sein Mörder! Und Friedrich Engelhorn, Gründer der bis heute stadtbestimmenden Badischen Anilin- & Soda-Fabrik, weltweit unter dem Kürzel BASF bekannt.

Technische Klassiker

Industriegeschichte hat Mannheim und seine Umgebung geprägt. 1871 gründete Carl Benz in der Quadratestadt unter der Adresse T6, 11 (heute T6, 33) jene Werkstatt, in der er seinen am 29. Januar 1886 beim kaiserlichen Patentamt in Mannheim angemeldeten Motorwagen entwickelte. Auch seine erste Fabrik stand hier. Die zweite gründete er 1903 in Ladenburg. Im kurpfälzischen Hockenheim testete das Unternehmen seine Fahrzeuge auf dem Nachfolger eines zunächst etwa zwölf Kilometer langen Dreieckskurses, angelegt auf den unbefestigten Wegen des Hardtwalds. Auf dem heutigen „Ring" preschen Formel-1-Fahrer ebenso um die Kurven wie historische Motorräder. Automobile Klassiker hingegen rollen im Sommer eher zum Concours d'Elegance auf den Schlossplatz von Schwetzingen.

LEBENSWÄSSER

Gekeltert, gebrannt, gebraut

Obst und Getreide bilden in vielen Teilen des Odenwalds seit Jahrhunderten die Basis für alkoholische Spezialitäten, angefangen vom Apfelwein über diverse Edelbrände bis hin zum Bier.

Im Odenwald-Gasthaus „Zum Kreiswald" präsentiert Gerhard Fritz stolz seine Obstbrände.

Schau'n Sie mal hinter dem Haus, da stehen unsere dreihundert Apfelbäume." Gerhard Fritz schmunzelt stolz. Auch Quitten und Mirabellen gedeihen auf dem Grundstück des Kochs und Gaststättenbesitzers, dessen Familie bereits 1866 die Erlaubnis erhielt, auf ihrem Hof Kreiswald bei Albersbach, das heute zur Gemeinde Rimbach gehört, eine Branntweinbrennerei zu errichten. Damals brannte man auf dem Hof durchaus auch noch für andere „Stoffbesitzer".

Regionales Obst und Getreide

Das Sortiment der heutigen Edelbrennerei Kreiswald umfasst gut zwanzig verschiedene Brände, vor allem reinsortige aus Äpfeln wie Schöner Boskoop, Winterrambour, Bohnapfel oder Roter Eiserapfel. Für seine Birnenspezialitäten bezieht Edelbrenner Fritz das Obst aus einer Nachbargemarkung. Das Getreide für den Kornbrand „stammt von meinem Onkel". Ein echtes Familienunternehmen also.

Eingemaischt wird zu den Erntezyklen, gebrannt in der Regel im November. Dann legt Gastwirt und Brenner Gerhard Fritz im Restaurant ein paar Ruhetage ein. Etwa 700 Liter Schnaps tröpfeln in dem schmucken Fachwerkbau gegenüber dem Wirtshaus jedes Jahr aus der Destille. Einige Kreiswald-Destillate reifen vor der Flaschenabfüllung Jahre im Holzfass, so wie der Apfelweinbrand zum Beispiel.

Sortenrein bei Schnaps und Wein

Apfelwein dient im Odenwald freilich nicht nur als Basis für Hochprozentiges. Vielmehr und vor allem ist er eine Art Nationalgetränk. Nur wenige Erzeuger setzen jedoch auf Sortenreinheit, wie Gerhard Fritz bei seinen Edelbränden. Armin Treusch ist einer von ihnen. „Ich wollte mal was anderes machen als das Übliche im Bembel zum Rippchen mit Sauerkraut", sagt der renommierte Koch aus Reichelsheim.

Ein gutes Dutzend kernfruchtiger Kreationen umfasst Treuschs „Pomothek" in seinem Restaurant „Schwanen" mittlerweile, meist alte Sorten. Die Palette reicht vom Reichelsheimer Weinapfel über die Goldpar-

Oben: Der Fürther „Apfelwalzer“ Dieter Walz in seinem Keller.

Links: Erst in den Portionierer, dann ins Glas – Einschenken mit Stil im Gasthaus „Zum Kreiswald“

mäne und die Graue Herbstrenette bis hin zu Stahls Winterprinz.

Natürlich kochen Armin Treusch und sein Sohn Thomas auch mit ihren Odenwälder Spezialitäten. Gemeinsam mit Peter Merkel aus Annelsbach zählt Treusch senior zum Kreis der Hessischen Wirtshauskelterer. Wie in „Treuschs Schwanen“ gibt es auch in Merkels „Dornröschen“ Apfeldessertweine mit an Sherry erinnernden Aromen und diverse Apfelweinspezialitäten, so den markanten Erbachhofer, den ausgewogenen Kaiser Wilhelm oder den feinkernigen Geheimrat Dr. Oldenburg.

„Ich wollte mal was anderes machen als das Übliche im Bembel zum Rippchen.“

Armin Treusch

Ein Sudfass mit obergärigem Bier in der Miltenberger Brauerei Faust, die für Interessierte auch Brauseminare anbietet.

Destillerien

Von den rund 30 000 Kleinbrennereien Deutschlands stehen etwa ein Dutzend im Odenwald: www.streuobstwiesenretter.de

Neben der Edelbrennerei Kreiswald von **Gerhard Fritz** (www.kreiswald.de), in der man das Brennen auch erlernen kann, zählen dazu u. a. der Edelbrenner **Thomas Göbel** in Reinheim (www.obstbrennerei-goebel.de), **Lore Bulling** in Mosbach (www.haus-der-übernachtungen.de) sowie **Dieter Walz** und **Max Bäumlisberger** in Fürth bzw. Lindenfels (www.apfelwalzer.de).

In Heidelberg steht die **Husaren-Destillerie** (www.husaren-destillerie.de), in Birkenau die **Edelbrennerei Mück** (www.streuobstwiesenretter.de). In Fürth brennt **Thomas Helferich** (www.thomas-helferich.de), in Lützelbach-Seckmauern **Jörg Schäfer** (www.brennerei-joerg-schaefer.de) und am Main, in Freudenberg, ist die **Edelobstbrennerei** Ziegler angesiedelt (www.brennerei-ziegler.de).

Gerstensaft mit Tradition

Neben Apfelwein – und natürlich vergorenem Rebensaft – gehört auch Bier seit Langem zum Odenwälder Alltag. Vor allem nach dem Dreißigjährigen Krieg, dessen Verheerungen norddeutsche Brauereien und süddeutsche Weinberge nicht verschonten und so die bisherigen Trinkgewohnheiten auf den Kopf stellten, entstanden in der Region immer mehr Brauereien. Die Konzession war in der Regel an einen Gasthausbetrieb gebunden. Der Miltenberger „Riese“ etwa besaß sie bereits im 16. Jahrhundert.

1654 erwähnte ein Dokument der Stadt einen Emigranten aus der Region Lüttich namens Kilian François Mathieu Servantaine als Brauer und Wirt des „Weißen Löwen“. Für das 19. Jahrhundert sind sieben Miltenberger Brauereien verbrieft, darunter die mit dem Löwen oder Riesen im Namen. 1875 nahm Johann Adalbert Faust im „Löwen“ die Zügel in die Hand. Unter seinem Namen brauen die Nachfolger bis heute Spezialitäten, darunter das bernsteinfarbene „Auswandererbier 1849“ oder das „Johann Adalbert Hochzeitsbier“ mit intensivem Hopfenaroma.

Gebraute Spezialitäten

Die Geschichte der Privatbrauerei Schmucker, der zweiten großen im Odenwald, begann ebenfalls schon nach dem Dreißigjährigen Krieg – und mit einem Einwanderer: dem Schweizer Ulrich Schöneberger. Bis heute braut sein Ururenkel, der „Hirschwirt“, in Mossautal Bier für den Eigenbedarf. 1895 heiratete Johann Gottlieb Schmucker aus Beerfelden in das kleine, rasch expandierende Unternehmen ein; rund drei Jahrzehnte später erhielt es seinen bis heute aktuellen Namen. Unter diesem werden auch Besonderheiten gebraut wie jüngst das „Gude“ oder den „Raubacher-Jockel“ – zu Ehren eines Odenwälder Originals, das 1866 in Raubach unter dem bürgerlichen Namen Jakob Ihrig das Licht der Welt erblickte und sich unter anderem als Aushilfskraft bei der Brauerei und Gastwirtschaft „Zum Pfälzer Hof“ in Wald-Michelbach verdingte, wo man ihm auch ein Bronzedenkmal setzte.

Edelobstbrennerei Ziegler in Freudenberg: Stillleben mit Whisky Aureum

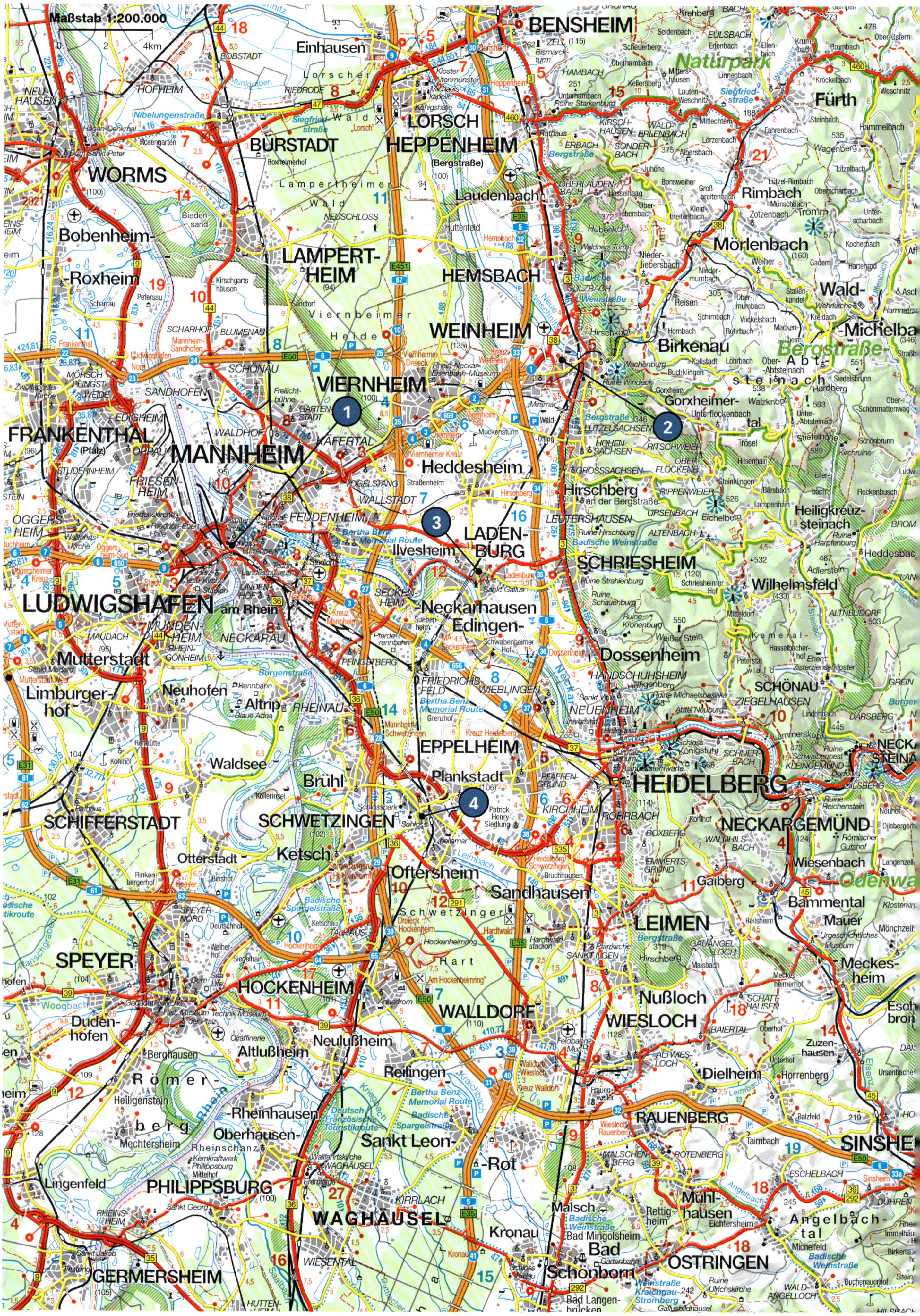

Maßstab 1:200.000
4km
BENSHEIM
Einhausen
LORSCH
HEPPENHEIM
BÜRSTADT
WORMS
Naturpark
Fürth
Rimbach
Mörlenbach
Laudenbach
Bobenheim-
Roxheim
LAMPERT-
HEIM
HEMSBACH
WEINHEIM
Birkenau
Wald-
Michelbach
VIERNHEIM
FRANKENTHAL
MANNHEIM
Heddesheim
Gorxheimertal
Hirschberg
LADEN-
BURG
Ilvesheim
SCHRIESHEIM
Heiligkreuz-
steinach
Wilhelmsfeld
LUDWIGSHAFEN
am Rhein
Neckarhausen
Edingen-
Mutterstadt
Limburger-
hof
Neuhofen
Altrip
Dossenheim
SCHÖNAU
EPPELHEIM
HEIDELBERG
Waldsee
Brühl
Plankstadt
SCHIFFERSTADT
SCHWETZINGEN
NECKARGEMÜND
Ketsch
Oftersheim
Sandhausen
Bammental
LEIMEN
SPEYER
HOCKENHEIM
Nußloch
WALLDORF
WIESLOCH
Duden-
hofen
Neulußheim
Altlußheim
Reilingen
Dielheim
RAUENBERG
Oberhausen-
Rheinhausen
Sankt Leon-
Rot
PHILIPPSBURG
WAGHÄUSEL
Mühl-
hausen
Kronau
Bad
Schönborn
ÖSTRINGEN
GERMERSHEIM
Lingenfeld
1
2
3
4

Nährboden für Geist und Gaumen

Technikpioniere, Spargelbauern, Festspielglanz und eindrucksvolle Kunst – das Angebot in und um Mannheim ist facettenreich. Schwetzingen lockt mit dem herrlichen Schloss, im einst befestigten Weinheim ist das spätmittelalterliche Handwerksviertel erhalten, und Ladenburg steht für die Autoideen eines Carl Benz.

1 Mannheim

Im 8. Jh erstmals als Fischer- und Schiffernest erwähnt, ist die heute zweitgrößte Stadt Baden-Württembergs (300 000 Einw.) eine des zweiten Blicks. Der erste gilt meist ihrer ehem. kurfürstlichen Residenz, der aus dieser Zeit resultierenden schachbrettartigen Struktur, den Kunst- und Kulturstätten. Aber jenseits von Schloss, Nationaltheater und Museumslandschaft reihen sich Viertel mit eigenem Charakter und eigenen Attraktionen – von der historischen Arbeitersiedlung über Jugendstilvillen bis hin zur traditionsreichen Industrie- und Hafenarchitektur. Mehr als 170 Nationen prägen die quirlige Erfinder-, Popmusik- und Hochschulmetropole zwischen Neckar und Rhein, deren wirtschaftliche Blüte Kaufmannssinn und Schifffahrt ebenso zu verdanken ist wie später der Chemie- und Automobilindustrie – wenngleich einige Betriebe hinüber in die pfälzische Schwesterstadt Ludwigshafen wechselten. Aber der „Mannemer" denkt nach wie vor nicht in kommunalen Grenzen, sondern empfindet sich seit jeher als Kurpfälzer.

Tipp

Leckerer Dreck

Mit einem schokoladenüberzogenen „Häuflein" aus Nüssen, Zucker, Orangeat, Zitronat und Gewürzen auf einer faustgroßen Oblate reagierte, so die Legende, ein humorvoller Mannheimer Konditor und Lebkuchenbäcker 1822 auf den polizeilichen Erlass, der den Bürgern bei Strafe verbot, „im Haus gesammelten Koth mit dem Kehricht auf die Straße zu bringen". Viele Cafés bieten den süßen „Mannemer Dreck" bis heute an – und machen sich das Originalrezept streitig.

Konditorei & Kaffee Herrdegen, E 2, 8, www.cafe-herrdegen.de; **Café Zeilfelder,** Q 5, 23, www.cafe-zeilfelder.de

Mannheim: Jesuitenkirche; Café Flo

SEHENSWERT

Wahrzeichen der Stadt ist der von einem Garten umgebene **Wasserturm** (1888) mit dem vom Jugendstil geprägten **Friedrichsplatz.** Europas zweitgrößtes **Barockschloss** TOPZIEL (urspr. 1720–1760), nach fast kompletter Zerstörung ab 1947 wiedererbaut, birgt das **Schlossmuseum** mit Prunktreppe und prachtvollen Räumen in der Beletage, archäologischem Keller sowie einer Fotodokumentation zur Geschichte der – heute hauptsächlich von der Universität genutzten – Residenz (www.schloss-mannheim.de; Di.–So. 10.00–17.00 Uhr). Prachtvoll ausgestattet zeigt sich die barocke **Jesuitenkirche** (1733–1760), urspr. die Schlosskirche. Treffpunkt der Mannheimer im Herzen der Stadt ist der **Paradeplatz** mit seiner barocken Brunnenanlage. Ein paar Quadrate weiter nordöstl. liegt der **Marktplatz,** flankiert vom Doppelbau des **Alten Rathauses** und der **Kirche St. Sebastian** (beide 18. Jh.).
Mit chinesischem Teehaus, Seebühne und Volieren ist der bereits in den 1890er-Jahren angelegte **Luisenpark** (40 ha; www.luisenpark.de) am Fernmeldeturm, östl. des Innenstadtrings, eines der beliebtesten Grünareale.

MUSEEN

Seit mehr als 100 Jahren zählt die **Kunsthalle Mannheim** TOPZIEL zu den renommierten Kunstsammlungen; ihr Spektrum reicht von Spitzenwerken des Impressionismus bis hin zu Gemälden und Plastiken der Moderne (Moore, Lembruck) sowie wichtigen zeitgenössischen Exponaten (Friedrichsplatz 4, www.kuma.art; Di.–So. 11.00–18.00, Mi. bis 20.00, 1. Mi. im Monat bis 22.00 Uhr). Der neue Anbau am generalsanierten Jugendstilbau wurde im Juni 2018 eröffnet und soll das Feeling einer (Kunst-)„Stadt in der Stadt" widerspiegeln. Interkulturelle Küche und Begegnung verbindet das „LUXX" im Herzen der Museumswelt (www.luxx-mannheim.de).
Mit vier Ausstellungsstätten bilden die auf eine kurfürstliche Gründung von 1731 zurückgehenden **Reiss-Engelhorn-Museen** einen eigenen Kulturkomplex (C 5, D 5, B 5, 7 sowie C 4, 9, www.rem-mannheim.de; Di.–So. 11.00–18.00 Uhr); er deckt die Bereiche Weltkulturen, Fotografie (Zephyr) sowie Kunst-, Kultur- und Regionalgeschichte (Zeughaus) ab.
Im **Technoseum** gibt es Technikgeschichte zum Anfassen: Werkstätten, Maschinen, Gerätschaften aus zweieinhalb Jahrhunderten, samt Arbeitercafé (Museumsstr. 1, www.technoseum.de; tgl. 9.00–17.00 Uhr). Auch das Museumsschiff „Mannheim", ein Schaufelraddampfer von 1929 für die Personenschifffahrt auf dem Rhein, gehört zur Sammlung (Kurpfalzbrücke; tgl. 14.00–18.00 Uhr).

EINKAUFEN

Mannheim ist eine Shoppingstadt; vor allem beiderseits der einst mit Holzplanken versehenen

Planken in den Quadraten N, O und P liegen traditionsreiche Kaufhäuser, Flagship-Stores und Spezialläden geballt beieinander. „Das Quartier" Q6/Q7 ist eine zukunftsweisende Einkaufsadresse (www.q6q7.de). Der Lifestyle-Blog www.mawayoflife.de informiert über aktuelle Tipps zu Shopping, Ausgehen, Essen und Kultur.

HOTEL UND RESTAURANT

Reichhaltiges Frühstück und Hofterrasse samt Gräsergarten bietet das **€€ Hotel Mannheim am Rathaus** (F 7, 5–13, 68159 Mannheim, Tel. 0621 33 69 90, www.mercure.com).
Mediterrane Frische in weißem Ambiente erwartet den Gast in der winzigen **€€/€€€ Zweiten Liebe** (Beilstr. 3, Tel. 0621 43 72 37 02, www.zweitelie.be; Mi.–Sa. ab 18.00 Uhr).

INFORMATION

Tourist Information, Willy-Brandt-Platz 5, 68161 Mannheim, Tel. 0621 2 93 87 00, www.visit-mannheim.de

2 Weinheim

Nicht dem Wein, sondern wohl einem Franken namens Wino verdankt die 755 erwähnte Zwei-Burgen-Stadt ihren Namen. Im 11. Jh. erhielt sie Markt- und Münzrecht, um 1250 schuf Pfalzgraf Konrad neben der befestigten Altstadt die Neustadt. Nach den Verheerungen durch den Pfälzischen Erbfolgekrieg verlegte Kurfürst Johann Wilhelm 1698 für zwei Jahre seinen Hof und die Heidelberger Universität nach Weinheim. Dank mildem Klima blühen um die Kreisstadt (43 500 Einw.) schon früh im Jahr die Mandelbäume.

Weinheim: Schloss und Marktplatz

SEHENSWERT

Den steil abfallenden **Marktplatz** umgeben Fachwerkbauten wie das **Alte Rathaus** (1557), die **Löwenapotheke** (17. Jh.) und die evangelische **Stadtkirche** (18. Jh.). Von der Stadtbefestigung blieben größere Teile der Stadtmauer, das Obertor und Türme erhalten. Das mehrfach umgestaltete urspr. kurpfälzische **Schloss** (urspr. 16. Jh.) beherbergt heute das Rathaus; umgeben ist es von einem schönen Park und dem ab 1860 angelegten **Exotenwald**. Neuromanische und Jugendstilelemente zeigt die **Peterskirche** (1912) an der Weschnitz. Auf den Hügeln über der Stadt recken sich die vom Kloster Lorsch im 12. Jh. errichtete heutige **Burgruine Windeck** (mit Burgschänke, www.rohewo.de) und die von Studentenverbindungen ab 1907 initiierte **Wachenburg** (www.wachenburg.com).
Mit seinen gewundenen Gassen und fränkischen Fachwerkhäusern ist das **Gerberbachviertel** im Tal des Grundelbachs ein schönes Beispiel für ein spätmittelalterliches Handwerkerviertel.

MUSEUM

Im einstigen Amtshaus des Deutschen Ordens (1710) ist das **Stadtmuseum** untergebracht (Amtsgasse 2, www.museum-weinheim.de; Di.–Do., Sa. 14.00–17.00, So. ab 10.00 Uhr).

UMGEBUNG

Im **Sechs-Mühlen-Tal** (www.sechs-muehlen-tal.de) steht an der Weschnitz zwischen Weinheim und Birkenau ein halbes Dutzend denkmalgeschützter Mahlwerke aus dem 15.–19. Jh.

INFORMATION

Tourist-Information, Marktplatz 1 (Altes Rathaus), 69469 Weinheim, Tel. 06201 8 26 10, www.weinheim.de

Tipp

Gartenfreuden

Aus dem einstigen Privatgarten des historischen Gerber- und heutigen Reinigungsmittelunternehmens Freudenberg wuchs seit den 1980er-Jahren rund um das klassizistische Herrenhaus Hermannshof ein besonderes Grünareal. Alle Pflanzen stehen hier in den ihrem natürlichen Vorkommen entsprechenden Lebensbereichen und Pflanzengesellschaften. Auf großen Flächen wurden Prärie- und Steppengräser ausgesät.

April–Sept. tgl. 10.00–19.00, Okt., März bis 18.00, sonst Mo.–Fr. bis 16.00 Uhr; Babostr. 5, Weinheim, www.sichtungsgarten-hermannshof.de

3 Ladenburg

Kelten siedelten lange vor der Zeitenwende im Bereich der Neckarstadt (12 000 Einw.). Einige Jahrhunderte später nannten die Römer ihre bedeutende Niederlassung Lopodunum. Zu fränkischen Zeiten wurde sie Zentrum des Lobdengaus und war bis 1705 Bischofsresidenz. Könige und Kaiser gaben der Stadt die Ehre.

SEHENSWERT

Zentrum der von Grünanlagen umgebenen Altstadt ist der **Marktplatz** mit zahlreichen Fachwerkhäusern (15.–18. Jh.). An die lange Präsenz der Wormser Bischöfe erinnern die gotische **St.-Gallus-Kirche** (13.–15. Jh., Krypta 11. Jh.), die **St.-Sebastian-Kapelle** (Turm 9. Jh.), der **Fürstenbau** (17. Jh.; heute Stadtbibliothek) und der **Bischofshof** (um 1600). Vor St. Gallus stand einmal die zweitgrößte römische Marktbasilika nördlich der Alpen; hier lag das Forum der römischen Stadt. Erhalten blieben Teile der äußeren **Stadtmauer** (13. Jh.), die teils dem Verlauf der römischen Befestigungen folgte, mit Hexenturm, Pfaffenturm und Martinstor.

MUSEEN

Der Bischofshof beherbergt das **Lobdengau-Museum** mit Archäologie, Stadtgeschichte und Volkskultur (Amtshof 1, www.lobdengau-museum.de; Mi. 15.00–18.00, Sa. 14.00–17.00, So. 11.00–17.00 Uhr). Das **Automuseum Dr. Carl Benz** TOPZIEL mit rund 300 automobilen Exponaten ist in den historischen Fabrikhallen von C. Benz Söhne untergebracht (Ilvesheimer Str. 26, Tel. 06203 18 17 86, www.automuseum-ladenburg. de; Mi., Sa., So. 14.00 bis 18.00 Uhr). Im Garten des **Carl-Benz-Hauses,** 1905–1929 Wohnsitz des Automobilerfinders Carl Benz (1844–1929) und heute Geschäftsstelle der Daimler und Benz Stiftung, steht noch die Garage mit Werkstatt und Arbeitszimmer (Carl-Benz-Platz 2, www.daimler-benz-stiftung.de; So. 14.00–17.00 Uhr).

UMGEBUNG

Burgruine, historischer Weinberg und eine interessante kleine Altstadt am Kanzelbach kennzeichnen **Schriesheim** (5 km östl.). In der Umgebung liegen mehrere Spargelhöfe.
Die denkmalgeschützte **Silbergrube Anna-Elisabeth** war vom 15. Jh. bis 1817 in Betrieb (Talstr. 157, Schriesheim, www.bergwerk-schriesheim.de; Führungen Mitte März–Mitte Okt. So./Fei. 11.00–16.30 Uhr).

INFORMATION
Stadtinformation, Hauptstraße 8, 68526 Ladenburg, Tel. 06203 92 26 03, www.ladenburg.de

4 Schwetzingen

Die am Leimbach gelegene Spargelhochburg (22 000 Einw.) und Geburtsstadt des ersten Königs von Bayern wurde 766 als „Stätte des Suezzo" erstmals erwähnt und erblühte dank ihres Schlosses, 1742 zur prachtvollen Sommerresidenz im Stil von Versailles ausgebaut.

SEHENSWERT
Urspr. eine Wasserburg der Ritter von Erligheim, mehrfach zerstört und wiedererbaut, erhielt das **Schloss TOPZIEL** seine barocke Gestalt im frühen 18. Jh. (www.schloss-schwetzingen.de; nur mit stdl. Führung, April–Okt. Mo.–Fr. 11.00 bis 16.00, Sa./So. 10.30–17.00, im Sommer Do. bis 19.00, sonst Fr. 14.00, Sa./So. 11.00–15.00 Uhr). Das Rokokotheater entstand 1752. Im südlichen Teil des Zirkelbaus ist eine Gartendokumentation untergebracht. Der **Schlossgarten** birgt neben Orangerie und Badhaus auch eine Moschee (April bis Okt. tgl. 9.00 bis 20.00, sonst bis 17.00 Uhr). Die bronzene Spargelfrau auf dem Schlossplatz erinnert an die Anfänge des Spargelanbaus in den Schlossgärten 1668. **St. Pankratius** (13. Jh.) ist die älteste Kirche der Stadt. Im **Roten Haus** (Dreikönigstr. 6) logierte 1763 die Familie Mozart.

MUSEEN
Im **Karl-Wörn-Haus,** ehem. Direktionsgebäude der Konservenfabrik Bassermann, gibt das **Museum der Stadt Schwetzingen** Einblick in 7000 Jahre Lokalgeschichte (Marstallstr. 51, www.schwetzingen-museum.de; Do./Fr. 10.00 bis 12.00, 14.00–17.00, Sa./So. 11.00–17.00 Uhr).

RESTAURANTS
Eine gute Adresse für Spargelgerichte ist der €€/€€€ **Kühle Krug** (Wildemannstr. 5, Tel. 06202 577 97 62, www.kuehlerkrug.com; Mo. geschl.).

VERANSTALTUNGEN
Seit 1952 finden im Schloss die **Schwetzinger Festspiele** statt (Ende April–Ende Mai; www.schloss-schwetzingen.de), auf die der ebenfalls in Schwetzingen ausgerichtete **Mannheimer Mozartsommer** (alle 2 Jahre Mitte Juli, wieder 2020) und das **Mozartfest** (Sept.) folgen.

UMGEBUNG
Vor allem der Motorsport seit den 1960er-Jahren machte die einstige Tabakhochburg **Hockenheim** (9 km südl.) international bekannt; bis heute werden auf dem Kurs, der auch Privatfahrern zugänglich ist, Formel-1-Rennen ausgetragen (www.hockenheimring.de).

INFORMATION
Tourist-Information, Dreikönigstr. 3, 68723 Schwetzingen, Tel. 06202 94 8 74 00, www.schwetzingen.de

Genießen Erleben Erfahren

DuMont Aktiv

Mit einem Greeter unterwegs

Mannheims bauliche Vielfalt mit den Augen und dem Wissen von Einheimischen entdecken: Engagierte ehrenamtliche Stadtführer, sogenannte Greeter, teilen mit Fremden ihren persönlichen Blick auf die Stadt. Und der ist mitunter durchaus kritisch.

Angelika erwartet uns am Toulonplatz (C 5). Ein großer Button in den Mannheimer Stadtfarben prangt an ihrer weißen Bluse. Sofort sprudeln erste Informationen: zum Jugendstilgebäude der Berufsschule an der Westflanke des Platzes, zum Zeughaus an der Stirnseite, zum 1980er-Jahre-Bau des Museums Weltkulturen gegenüber. Angelika ist eine waschechte Mannheimerin und arbeitet neben ihrem Job ehrenamtlich als Greeter, also als Stadtführerin aus Leidenschaft. Ihre Rundgänge sind stets individuell – Dialog statt Vortrag lautet ihre Devise.

Wir hatten mit unserer Greeterin das Thema Architektur vereinbart und einen Zeitrahmen von rund zwei Stunden. Es werden knapp drei, denn Angelika weiß an fast jeder Ecke etwas zu erzählen. Unterwegs lupft sie auch schon mal eine Bauzaunplane, um auf die Ruinen von Mannheims ältestem Barockhaus hinzuweisen. Oder sie zeigt anhand der mitgebrachten Fotokopien, in welch ungelenk-moderner Weise die Stadt Ersatz schuf für das barocke Alte Kaufhaus. „Es fehlten nur 300 Stimmen für die historische Rekonstruktion."

Engagiert erhellt uns die Greeterin Glanz und Elend ihrer Heimatstadt. Als wir uns verabschieden, seufzt sie: „Schade, ich habe doch gerade erst angefangen."

Autorin Rita Henss war mit Greeterin Angelika in Mannheim unterwegs.

Mannheim Greeter gibt es seit 2010. Sie sind dem Global Greeter Network angeschlossen. Rund ein Dutzend engagierte Mannheimer jeden Alters nehmen ihre Gäste (jeweils max. 6 Pers.) kostenlos und auf deren eigenes Risiko auf einem „Greet" mit durch die Stadt.

Termine: Die Greeter sollten möglichst mit einigem Vorlauf (mind. eine Woche) gebucht werden, da die meisten von ihnen berufstätig und nur in ihrer Freizeit einsatzbereit sind.

Themen und Dauer der geführten Stadtspaziergänge sind frei wählbar.

Buchung über das Internet: www.mannheim-greeter.de

Allgemeine Infos zur Greeterbewegung: http://globalgreeternetwork.info

Romantisch, aber mit Weitblick

Als Kurpfälzer verstehen sich die Heidelberger bis heute und sind stolz auf ihr prachtvolles Schloss, das auf eine mittelalterliche Burganlage zurückgeht. Viele dieser trutzigen Festungen, Inbegriff deutscher Romantik, krönen noch immer die Neckarufer, von Neckargemünd über Zwingenberg bis nach Haßmersheim. Und viele geschichtliche Fäden spinnen sich aus der von Geisteswissenschaften und uraltem Handwerk geprägten Region weit hinaus in die Welt.

Heidelbergs Alte Brücke von 1788 ist eines der letzten großen Brückenbauwerke aus Stein. Im 19. Jahrhundert wurde der Baustoff fast überall durch Gusseisen verdrängt.

Heidelberger Schloss: Der um 1560 aufgeführte Ottheinrichsbau gilt als einer der ersten Renaissancebauten Deutschlands.

Das Große Fass steht in einem eigens errichteten Gebäude – aus gutem Grund mit direktem Zugang zu einem Festsaal.

Blick vom Philosophenweg über den Neckar auf die Stadt, das Schloss und die Alte Brücke mit dem barocken Brückentor.

Deutschlands älteste Universitätsstadt, größtes Weinfass der Welt, das Schloss als Inbegriff deutscher Romantik – Heidelberg ist eine Stadt der Superlative. In den Sälen der Ruperto Carola – so der Gründungsname der Ruprecht-Karls-Universität – lauschte schon Mark Twain als Gast den Dozenten, wenn er nicht gerade an seinen Reiseberichten arbeitete, über Rituale der Burschenschaftler staunte oder die Neckarregion erkundete. Aus deren rotem Sandstein hatten die Kurfürsten von der Pfalz ihren sogar als Ruine noch monumental wirkenden Familiensitz am Nordhang des Königstuhls errichten lassen. Fünf Jahrhunderte lang residierten sie hier. Bereits 1589 gaben sie den Auftrag, einen eigenen Bau für das erste der zuletzt vier gigantischen Weinfässer aufzuführen. Es fasste über 125 000 Liter, etwas mehr als die Hälfte der bis heute als einzige des Quartetts erhaltenen hölzernen Tonne aus dem Jahr 1751.

Berühmte Dichter und Denker

Wein, Wissen und eindrucksvolle Architektur – diese Kombination lockt von jeher Besucher nach Heidelberg. Lang ist allein die Liste der Dichter und Denker, von Philipp Melanchthon über Friedrich

„Um gut zu wirken, muss eine Ruine den richtigen Standort haben. Diese hier hätte nicht günstiger gelegen sein können."

Mark Twain 1878 zum Heidelberger Schloss

Hölderlin bis hin zu Heinrich Böll und John Le Carré. Der legendäre „Philosophenweg", einst ein Weinberg- und Pilgerpfad, ist allerdings wohl nicht nach den berühmten Geistesgrößen benannt. Vielmehr verdankt er seine Bezeichnung den dort flanierenden Studenten, die man auch Philosophen nannte. Denn jeder

Ein Rundgang durch die Heidelberger Universität führt durch die mehr als sechs Jahrhunderte seit der Gründung der Lehrstätte. Die Alte Aula im ersten Stock wurde zur 500-Jahr-Feier der Alma Mater 1886 in Renaissanceformen neu gestaltet.

An der Stelle der Alten Brücke gab es von jeher einen Neckarübergang. Das Brückentor hat seinen Ursprung noch im Mittelalter – hier musste einst ein Obolus für die Brückennutzung entrichtet werden.

Der bronzene Heidelberger Brückenaffe (1979) fordert zur Selbstreflexion auf.

Die Universität hatte eine eigene Gerichtsbarkeit. Zu disziplinierende Studenten sollten im Karzer über ihr Tun nachdenken.

In den Sälen der Ruperto Carola lauschte schon Mark Twain als Gast den Dozenten.

Hochschüler musste als Grundlage für sein Fachstudium zunächst *septem artes liberales* belegen, die Sieben Freien Künste, zu denen seit der Renaissance auch die Philosophie gehörte. Seinerzeit suchten die Hochschüler hier oben wohl eher ungestörte Zweisamkeit als den herrlichen Ausblick auf Heidelbergs Altstadt, mit dem der Spazierweg bis heute verwöhnt. Tief unten strömt der Neckar der Rheinebene zu. Dahinter breiten sich die Gassen und Plätze der alten Universitätsstadt aus, überragt von den Kirchen und natürlich vom Schloss, das seinen Besuchern von der Terrasse Großer Altan einen mindestens ebenso eindrucksvollen Blick über Heidelberg bietet.

Time to say goodbye

Mit Squaredance, Barbecue und Feuerwerk in den Farben des Sternenbanners feierten die Heidelberger im Mai 2013 Abschied von einer besonderen Zeit. Fast sieben Jahrzehnte währte die Präsenz der amerikanischen Streitkräfte in Heidelberg. Sie begann bald nach dem Zweiten Weltkrieg. Damals wurde die unzerstörte Neckarstadt Teil der amerikanischen Besatzungszone und Standort hoher Kommandostellen der US-Armee, später auch der NATO. Bereits 1946 öffnete das heutige Deutsch-Amerikanische Institut in Heidelberg. Ursprünglich trug es den Namen „Amerika-Haus" und fungierte als Bibliothek mit immer aktuellen Exemplaren internationaler Zeitungen.

Inzwischen haben alle 8000 Angehörigen der US-Armee und ihre Familien die Stadt verlassen, meist mit Ziel Wiesbaden, dem neuen Truppenstandort. Zurück blieben ehemals militärisch genutzte Flächen von rund 180 Hektar – etwa die doppelte Größe der Altstadt. Bereits ab 2011 wurden mit den Bürgern der Stadt Leitlinien für die Konversion definiert – die Umwandlung der US-Flächen zur zivilen Nutzung – und konkrete Entwicklungsszenarien ausgearbeitet.

Als ersten Masterplan verabschiedete der Gemeinderat 2014 den für die Areale Mark Twain Village und Campbell Barracks in der Südstadt. Auf dem Gros der Flächen entsteht hier vor allem preiswerter Wohnraum. Im Sommer 2016 konnten die ersten Mieter einziehen. Seit März 2017 liegt die Vision für das rund 100 ha große „Patrick-Henry-Village" vor. Hier könnte ein zukunftsweisender Arbeits- und Wohnraum für bis zu 15 000 Menschen entstehen.

Romantiker im Kloster

Benediktiner, adelige Fräuleins, Jesuiten – die mittelalterliche Abtei Neuburg hat eine sehr bewegte Geschichte. Ihr wohl außergewöhnlichstes Kapitel begann

Das Kurpfälzische Museum verbindet alle Zeitalter Heidelbergs – hier Funde aus der Römerzeit (links) und ein klassizistischer Saal (rechts). Beim Flanieren durch die Hauptstraße fällt der Blick auf die Heiliggeistkirche (oben rechts).

Die Heiliggeistkirche wurde als gotischer Bau im 15. Jahrhundert errichtet.

Der Marktplatz ist das Zentrum Heidelbergs. Der Herkulesbrunnen erinnert an den Wiederaufbau der Stadt zu Beginn des 18. Jahrhunderts, als auch das Rathaus neu errichtet wurde.

im frühen 19. Jahrhundert. Damals erwarb der Frankfurter Privatgelehrte, Goethe-Freund und Kaiserliche Rat Johann Friedrich Heinrich Schlosser mit seiner Ehefrau Sophie Charlotte du Fay das säkularisierte Anwesen als Sommersitz. Der Onkel des Käufers war der Ehemann von Goethes Schwester Cornelia. Da nimmt es nicht wunder, dass in Neuburg ein regelrechter Kult um den Dichter entstand. Man sammelte Briefe, Manuskripte, Erstausgaben und alles, was sonst noch mit dem Leben Goethes zusammenhing. Marianne von Willemer, des Dichterfürsten große Liebe, Muse und Mitautorin des „West-östlichen Divan", war oft und lange in Neuburg zu Gast. Nur Goethe selbst weilte nie hier. Er beschränkte sich auf Besuche der nahen Stadt Heidelberg. Dafür kam Clemens Brentano oft die rund drei Kilometer von dort herüber, neben Achim von Arnim einer der Hauptvertreter der Heidelberger Romantik.

Und es zählten weitere Kulturgrößen wie Carl Maria von Weber, Johannes Brahms, Joseph von Eichendorff, Rudolf Steiner, Hermann Hesse, Stefan George, Rainer Maria Rilke und Klaus Mann zu den Gästen in den Salons der Schlossers und ihrer Nachfolger. Bis 1926 blieb Neuburg in bürgerlichem Besitz. Bald danach wurde die Anlage an die Erzabtei Beuron verkauft, deren Orden das

Das S-Printing Horse, eine 13 Meter hohe Pferdeskulptur, steht seit der Jahrtausendwende vor der Print Media Academy an der Heidelberger Kurfürstenanlage.

Die archäologische Abteilung in Heidelbergs Kurpfälzischem Museum zeigt die Nachbildung eines Mithrasheiligtums.

In der Gemäldeabteilung hängt „Der Sündenfall" von Lucas Cranach d. Ä. aus dem Jahr 1525.

Friedrich Ebert

Special

Demokrat aus Heidelberg

Er war Sattlerlehrling, Gastwirt, Arbeitersekretär, Vizevorsitzender der SPD, Kanzler des Reichstags – und schließlich als Präsident der Weimarer Republik das erste demokratisch gewählte Staatsoberhaupt der deutschen Geschichte.

Friedrich Eberts Leben begann in Heidelberg – und dort ist er auch beigesetzt. Denn seine Vorfahren waren Odenwälder: Mutter Katharina Elisabetha Hinkel stammte aus Neckargerach; der Vater Franz Carl war Schneidermeister in Krumbach bei Mosbach. 1864 heirateten die beiden in Heidelberg. Sohn Friedrich verließ die Heimat zwar bereits mit siebzehn, um auf Wanderschaft zu gehen, aber die Neckarstadt ehrt ihn seit 1962 mit einer eigenen Gedenkstätte. Ihre Räumlichkeiten erwuchsen aus der kleinen Wohnung, in der Ebert 1871 das Licht der Welt erblickte. Mittlerweile umfasst die Reichspräsident-Friedrich-Ebert-Gedenkstätte beinahe 300 Quadratmeter. Die Dauerausstellung wird u. a. durch Wanderschauen und Vorträge ergänzt.

In der Heidelberger Ebert-Gedenkstätte

Der in Miltenberg geborene und in Amorbach aufgewachsene Physiker und Kabarettist Vince Ebert ist übrigens nicht mit dem Reichspräsidenten verwandt. „Meines Wissens nein", antwortet er auf die entsprechende Frage. Sein Motto „Denken lohnt sich!" hätte aber sicherlich auch Friedrich Ebert gefallen.

Kloster 800 Jahre zuvor errichtet hatte, und in die ehrwürdigen Mauern zogen wieder Benediktiner ein. Anfang des 21. Jahrhunderts erfolgte die preisgekrönte Neugestaltung der Kirche.

Nur knapp 200 Meter hinter der Abtei, am Mosbach, liegt, umgeben von Weiden und Streuobstwiesen, das Hofgut. Es wirtschaftet im Einklang mit der Natur, ist als letzter milchproduzierender Betrieb im Stadtkreis biologisch zertifiziert, stellt diverse Käsesorten her und züchtet Forellen in eigenen Teichen.

Legenden und Pioniere

Berühmte Namen und uralte Legenden prägen den gesamten Odenwald. Siegfried- und Nibelungensteig erinnern an das einstige Jagdgebiet der Burgunder. Und an die Sage vom Tod des fast unverwundbaren Drachenbezwingers durch die frevelnde Hand des Hagen von Tronje beim Trinken aus einem Brunnen. Drei Gemeinden, in denen passende Quellen fließen, reklamieren Siegfrieds Sterbeort für sich: Odenheim, das zwar weit südlich des Kleinen Odenwalds bei Östringen zu finden ist, dafür aber tatsächlich namentlich in einer der drei mittelalterlichen Handschriften des Nibelungenlieds erwähnt wird, Grasellenbach und Mossautal, dessen Lindelbrunnen zwischen Hüttenthal und dem eins-

In einer der engsten Neckarschleifen schmiegt sich Hirschhorns Altstadt unter der gleichnamigen Burg ans Flussufer.

Neckargemünd ist eine der Landungsstellen der Weißen Flotte Heidelberg.

Hoch über dem Neckarradweg liegt Dilsberg. Die Strecke von Heilbronn bis Mannheim gilt unter ambitionierten Radfahrern als der Endspurt der beliebten Tour.

Im Mittelalter strategisch günstig gelegen, diente Burg Hirschhorn 400 Jahre lang den Rittern und Kaufleuten von und zu Hirschhorn als Sitz ; hier das Torhaus der Unterburg.

tigen Hiltersklingen, heute ein Ortsteil von Mossautal, sprudelt.

In Eberbach ranken sich viele Geschichten um Englands Königin Victoria. Sie wäre beinahe – oder sei sogar – im Ort geboren, heißt es. Ihre Mutter sei auf einem am Neckarufer ankernden englischen Schiff niedergekommen und somit, wie erforderlich, auf englischem Hoheitsgebiet.

Tatsache ist, dass die Eltern der kleinen Alexandrina Victoria – Herzog Eduard von Kent und seine Gemahlin Prinzessin Marie Louise Victoire aus dem Hause Sachsen-Coburg-Saalfeld – mehrfach im Thalheim'schen Haus in

Burgen und trutzige Schlösser – oder deren Ruinen – reihen sich am Neckar wie Perlen auf einer Schnur.

Eberbach logierten. Denn dies war eine Zeit lang das Jagdpalais derer von Leiningen – und die spätere Königinmutter war eine verwitwete Fürstin von Leiningen –, mit einer Sommerwohnung in Amorbach und einem Winterdomizil in Miltenberg. Zudem steht der englische Königshof bis heute in Kontakt mit Eberbach, genauer gesagt mit dem 1886 von Bäckermeister Heinrich Strohauer gegründeten „Café Viktoria“.

Königliche Kontakte

Anfang der 1960er-Jahre wurde dort vom Großvater der heutigen Betreiber eine neue Torte aus gerolltem Biskuit, frischem Orangensaft und Aprikosenmarmelade erfunden – und als „Viktoria-Torte“ per Luftpost an Queen Elizabeth in den Buckingham-Palast geschickt. Prompt erhielt der Absender ein Dankesschreiben. Und so liefert der Odenwälder Familienbetrieb seither regelmäßig weitere süße Kreationen zu den britischen Royals. Eberbach steht aber auch für international renommierten

Hoch über dem Neckar wacht Schloss Zwingenberg, heute im Besitz der Markgrafen von Baden (oben links und unten rechts). Im Tal überquert eine moderne Brücke den Fluss (oben rechts). Konditormeisterin Susanne Bäcker-Valerius, Juniorchefin des Eberbacher„Cafés Viktoria", präsentiert die Spezialität des Hauses: eine „Viktoria-Torte".

An alte Zeiten erinnern in Eberbach das Thalheim'sche Haus, der Pulverturm und der Fischerbrunnen.

Von Kriegen und Zerstörungen verschont, thront Schloss Zwingenberg hoch über dem Neckar.

Sportbootsbau. Anfang der 1950er-Jahre wurden hier der erste Renn-Gig-Achter in Klinkerbauweise und das erste Rennboot aus Sperrholz gebaut. Wenig später entstand in derselben, bis heute familiengeführten Bootswerft das weltweit erste Kunststoff-Ruderskiff.

Zudem hat in Eberbach der Weltmarktführer in Sachen Gelatine seinen Sitz. Die wird übrigens nicht nur beim Kochen eingesetzt, sondern unter anderem auch in der Raumfahrt sowie in der Medikamenten- und Streichholzproduktion. Auch in und bei Neckargemünd sind seit mehr als einem halben Jahrhundert Pioniere am Werk: als Fahrzeugumrüster für Menschen mit körperlichen Behinderungen. Sogar der britische Physiker Stephen Hawking zählt zu den Kunden der Autospezialisten.

Burgen, Burgen, Burgen

„Nach diesem vielen Regen sollten Sie besser den anderen Weg nehmen, vom Bahnhof aus. In zwanzig Minuten sind sie von dort oben am Schloss." Die wohlmeinende Frau sieht seit Jahren Scharen von Wanderern am Vorgarten ihres Häuschens unterhalb der Eisenbahnbrücke von Zwingenberg vorüberziehen. Meist ist das Wanderziel die Wolfsschlucht, ein wildromantisches Stück Natur, das nur über einen alpinen Klettersteig erreichbar ist, wie ein Hinweis gleich am Anfang des schmalen Waldwegs warnt. Von dem an diesem Tag tatsächlich reichlich aufgeweichten Pfad zweigt aber auch bald der Aufstieg zu einer der schönsten historischen Burganlagen am Neckar ab. Von Kriegen und Zerstörungen verschont, thront Schloss Zwingenberg hoch über dem Fluss. Seit Langem im Besitz derer von Baden, wird das Anwesen aus dem 15. Jahrhundert heute von Seiner Großherzoglichen Hoheit Prinz Ludwig von Baden bewohnt, ist seit Anfang der 1980er-Jahre jedoch alljährlich zu sommerlichen Aufführungen der Schlossfestspiele zugänglich.

Burgen und trutzige Schlösser reihen sich am Neckar wie Perlen auf einer Schnur. Neckarsteinach rühmt sich gar eines Vierburgenblicks – zwei der Anlagen sind allerdings mittelalterliche Ruinen. Mittelburg und Vorderburg wurden im 19. Jahrhundert umgebaut und befinden sich in Privatbesitz. Gleiches gilt für die Burg Hornberg in Neckarzimmern, wo der für seine harschen Worte bekannte Götz von Berlichingen sein Leben beschloss, ebenso wie für Burg Guttenberg bei Haßmersheim. Auf dem nie zerstörten ursprünglichen Stauferkastell mit Museum und Schänke residiert heute auch die Deutsche Greifenwarte, die Begegnungen mit Falknern und Vogelflugvorführungen anbietet. Das Anwesen der Herren von Hirschhorn birgt inzwischen ein Schlosshotel mit wunderbarer Aussichtsterrasse …

NECKARSCHIFFFAHRT

Auf dem gezähmten Wasserlauf

Einst auf weiten Strecken wild gekrümmt und voller Stromschnellen, transportiert der regulierte Neckar inzwischen Menschen und Güter gefahrlos bis zu seiner Mündung in den Rhein.

Knapp hundert Jahre war sie in Betrieb, die Kettenfähre zwischen den beiden Neckarufern bei Zwingenberg. Erst seit 2011 verbindet eine gut 200 Meter lange, nur einspurig befahrbare Schrägseilbrücke mit fast vierzig Meter hohen Pylonen die beiden Ufer unterhalb des markanten Schlossgebäudes. „Ein Schildbürgerstreich", empörten sich die Gegner des zumindest aus der Ferne eigentlich recht filigran wirkenden 7,5 Millionen Euro teuren Projekts und monierten, es stelle einen massiven Eingriff in eine der schönsten Neckarlandschaften dar.

Geheimnisvoller Antrieb

Die Attraktivität des rund 360 Kilometer langen Flusses, vor allem des Abschnitts zwischen Heilbronn und Heidelberg, rühmte einst schon Mark Twain. Der Autor von „Tom Sawyer" und „Huckleberry Finn" bereiste 1878 den Neckar. Seine Eindrücke gibt er ebenso schwärmerisch wie detailliert in dem Buch „A Tramp Abroad" („Bummel durch Europa") wieder. Vor allem faszinierten den ehemaligen Mississippi-Lotsen die Wasserfahrzeuge. Twain selbst war meist auf einem Floß unterwegs, dem damals üblichen, seit dem 12. Jahrhundert belegten Neckartransportmittel.

„Deutschland im Sommer ist die Vollendung des Schönen, aber niemand, der nicht ... den Neckar hinuntergefahren ist, hat die äußersten Möglichkeiten dieser sanften und friedlichen Schönheit wirklich begriffen und ausgekostet", heißt es in Twains Europabuch. Doch es geht darin auch um seinerzeit brandneue Errungenschaften der Moderne: „Gegen Mittag hörten wir den begeisterten Ruf: ‚Schiff ahoi!' Wir rannten nach vorn, um das Fahrzeug zu sehen. Es war ein Dampfer ... ein Schlepper, und zwar einer von sehr merkwürdigem Bau und Aussehen. Ich hatte ihn oft vom Hotel aus beobachtet und mich gefragt, wie er wohl angetrieben werde ... Während er schnaufend und stöhnend vorbeifuhr, entdeckten wir das Geheimnis seines Antriebs. Er fuhr nicht mit Radschaufeln oder Schraube flussaufwärts, er schob sich dadurch hinauf, dass er sich an einer großen Kette vorwärtszog ..."

Der Neckar ist eine intensiv gewerblich genutzte Bundeswasserstraße, wie sich an der Schleuse Neckarsteinach zeigt (links). Dennoch bleibt genügend Platz für Ausflugsfahrten (oben).

Dampfschiff kontra Dampfzug

Bereits 1841 betrieb die Heilbronner Neckar-Dampfschifffahrt einen regelmäßigen Personen- und Stückgutverkehr zwischen Heilbronn und Mannheim, der jedoch mit der 1853 eröffneten Eisenbahnlinie zwischen Stuttgart und Mannheim nicht konkurrieren konnte und 1871 eingestellt wurde. Danach verkehrten noch bis 1935 die von Mark Twain beschriebenen Kettendampfer – als Nachfolger der seit je von Pferden auf dem Leinpfad gezogenen Treidelkähne.

Heute transportieren jährlich rund 7000 Binnenschiffe etwa 7,5 Millionen Tonnen Fracht auf dem Neckar; den größten Ladungsanteil haben dabei Baustoffe, Kohle und Salz. Für Touristen verkehren Ausflugsschiffe verschiedener Unternehmen, auch Kanus können ausgeliehen werden.

Wohl kaum einer kann sich indes heute vorstellen, dass der Neckar auf weiten Strecken einmal der wildeste Nebenfluss des Rheins war. Starkes Gefälle, extreme Flusskrümmungen, zahlreiche Stromschnellen und Untiefen sowie rasch wechselnde Wasserstände verlangten den Schiffsleuten einiges ab. Erst die Flussregulierung in der ersten Hälfte des 20. Jahrhunderts führte zu einer großen Vereinfachung. Aber die vielen den Staustufen geschuldeten Schleusen sind ein zeitaufwendiger Preis für die Verbesserung.

Wasserstraße Neckar

Bereits die Römer nutzten den Neckar als Wasserstraße. Allerdings war der Fluss über die Jahrhunderte von seiner Mündung in den Rhein flussaufwärts nur bis Heilbronn befahrbar; der Gütertransport wurde zudem durch Zölle, Stapelrechte und Frachtbestimmungen reglementiert.
Mit dem Bau des Wilhelmskanals 1821 wurde der Neckar über Heilbronn hinaus schiffbar, von 1921 bis 1968 erfolgte sein Ausbau zur Großschifffahrtsstraße.

Maßstab 1:200.000
0
2
4km
1
2
3
4
5
Fürth
Rimbach
Mörlenbach
Birkenau
Wald-Michelbach
Gräsellenbach
Beerfelden
Odenwald
Hirschberg
Schriesheim
Wilhelmsfeld
Heiligkreuz-steinach
Dossenheim
Heidelberg
Neckargemünd
Schönau
Neckarsteinach
Hirschhorn (Neckar)
Eberbach
Rothenberg
Naturpark
Neckartal
Schönbrunn
Waldbrunn
Zwingenberg
Fahrenbach
Neckargerach
Leimen
Sandhausen
Walldorf
Wiesloch
Nußloch
Bammental
Mauer
Meckesheim
Wiesenbach
Lobbach
Reichartshausen
Aglasterhausen
Obrigheim
Mosbach
Epfenbach
Helmstadt-Bargen
Eschelbronn
Waibstadt
Neckarbischofsheim
Zuzenhausen
Dielheim
Rauenberg
Mühlhausen
Angelbachtal
Sinsheim
Östringen
Malsch
Bad Schönborn
Kirchardt
Ittlingen
Massenbach-hausen
Bad Rappenau
Bad Wimpfen
Siegelsbach
Hüffenhardt
Haßmersheim
Gundelsheim
Neckarelz
Neckarzimmern
Schwarzach
Neunkirchen
Zeutern
Bad Langenbrücken

Vielseitiges Neckartal

Wie im romantischen Heidelberg zeigt die Zukunft auch in den Städtchen und Orten des malerischen Neckartals Flagge. Der historische Charme indes blieb trotz vieler Neuerungen meist gewahrt.

1 Heidelberg

Schon Goethe bescheinigte der von jahrhundertelanger kurfürstlicher Präsenz und Universitätsgeschichte geprägten Neckarstadt „etwas Ideales". Der keltische (um 500 v. Chr.) und römische (1.–3. Jh.) Siedlungsplatz wurde Ende des 12. Jh. Residenz der Pfalzgrafen, die bereits 1386 die Universität gründeten. Der Pfälzische Erbfolgekrieg und seine Zerstörungen beendeten bis 1693 die Blütezeit. Es dauerte Jahrzehnte, bis sich die Stadt barock erneuern konnte. Mittlerweile hat sich Heidelberg (155 000 Einw., darunter 31 000 Studenten) zu einem lebendigen Kultur- und Einkaufsziel gemausert, mit schicker Fußgängerzone und wiedereröffnetem Fünf-Sparten-Theater.

SEHENSWERT

Seit Jahrhunderten beherrscht das kurfürstliche **Schloss** TOPZIEL die Stadtsilhouette (Schlosshof 1, www.schloss-heidelberg.de; tgl. 8.00 bis 18.00 Uhr, Innenräume nur mit Führung). Die urspr. mittelalterliche Burg gestalteten die Regenten zu einer prachtvollen Renaissanceresidenz. 1693 zerstört, wurden die Ruinen zum Symbol der deutschen Romantik. Von der **Schlossterrasse** bietet sich ein herrlicher Blick über die Stadt. Der weitläufige **Schlossgarten,** bis 1619 angelegt auf Geheiß des „Winterkönigs" Friedrich V. als Zeichen der Liebe zu seiner Gattin, der englischen Königstochter Elisabeth Stuart, galt als der bedeutendste Renaissancegarten nördlich der Alpen. Ein Superlativ bis heute ist das riesige – seit Langem leere – **Karl-Theodor-Fass** im kurfürstlichen Weinkeller, wo nun neben der Vinothek auch wieder ein kleines gefülltes Weinfass steht. Hinauf zur Schlossruine geht es mit Deutschlands ältester **Bergbahn** (1890), einer kombinierten Standseil- und Zahnradbahn, deren Originalwaggons allerdings nur auf der jüngeren Strecke (1907) Molkenkur–Königstuhl verkehren (www.bergbahn-heidelberg.de; Mitte April–Anf. Okt. tgl. 9.00–20.00 Uhr, sonst kürzer). In der **Altstadt** zwischen Alter Brücke (1788; mit barockem Brückentor und bronzenem, von zwei Mäusen flankierten „Brückenaff") und Theodor-Heuss-Brücke stehen die **Alte Universität** (um 1730; Universitätsplatz), der mittelalterliche **Hexenturm** (13. Jh.) im Bereich der Neuen Universität, die **Peterskirche** (urspr. 12. Jh.) und die **Universitätsbibliothek** (1905). Entlang stattlicher Bürgerhäuser und Palais gelangt man zum **Marktplatz** mit **Heiliggeistkirche** (15. Jh.), Renaissance-**Haus Ritter** (1592) und **Rathaus** (1703).

Tipp

Heidelberger RADatouille

Mit einer geführten kulinarischen Tour von Heidelbergs Alter Brücke durch die ältesten Stadtteile Handschuhsheim und Neuenheim erfahren Radler Genuss im doppelten Sinn. Schon zum Aperitif mit Schlossblick gibt es Geschichte(n) und Anekdoten; eingekehrt wird in mehreren urigen Wirtschaften. Die Strecke führt vorbei an historischen Villen, zur mittelalterlichen Tiefburg, durch Gemüsefelder, am Neckarkanal entlang und streift den Botanischen Garten, bevor die Tour in einem historischen Studentenlokal der Altstadt endet.

Einmal im Monat, ab 15.00 Uhr, 4 Std.; RADatouille, Tel. 06221 8 67 35 80, www.eventchen-heidelberg.de

Heidelberg: Kornmarkt mit Mariensäule; Bootsfahrt auf dem Neckar; Große Mantelgasse

MUSEEN

Die Schlossanlage beherbergt auch das **Deutsche Apotheken-Museum** (www.deutsches-apotheken-museum.de; April–Okt. tgl. 10.00 bis 18.00, sonst bis 17.30 Uhr). Im barocken Palais Morass (1712) ist das kunst- und kulturhistorische **Kurpfälzische Museum** beheimatet (Hauptstr. 97, www.museum-heidelberg.de; Di.–So. 10.00–18.00 Uhr).

HOTEL UND RESTAURANT

Niederländische Holzhandler logierten bereits im 19. Jh. im gemütlichen €€€€ **Holländer Hof.** Heute sorgt die Uferstraße allerdings für eine stetige Geräuschkulisse in den flussseitigen Zimmern (Neckarstaden 66, Tel. 06221 6 05 00, www.hollaender-hof.de).
Deftiges, meist mit regionalen Zutaten, kommt im familiären Handschuhsheimer Weinlokal €€/€€€ **Alt Hendesse** (Mühltalstr. 4, Tel. 06221 48 05 17) in der urigen Stube oder im lauschigen Hofgarten auf den Tisch.

EINKAUFEN

Hübsch verzierte Pralinen gibt es in der **Manufaktur Vorbach** (Hauptstr. 211), Schokoladiges und Konditoreis in der Chocolaterie **St. Anna No. 1** (St.-Anna-Gasse 1). Kunsthandwerk zum Gebrauch und Kleindesign aus Deutschland bietet **Blao** (Untere Str. 4, www.blao-heidelberg.de).

UMGEBUNG

Am Nordufer des Neckars, dem Schloss gegenüber, erhebt sich der früh besiedelte **Heiligenberg** (330 m). An seinem Südhang verläuft der **Philosophenweg,** an dem u. a. Mandeln und Feigen wachsen. Längs des **Keltenwegs** finden sich restaurierte Zeugnisse des namengebenden Zeitalters (Ringwall) sowie römische und mittelalterliche Relikte aus dem 11. Jh. (Ruinen des Michaels- und des Stephansklosters). Im Stadtteil Ziegelhausen liegt die im 12. Jh. gegründete **Benediktinerabtei Stift Neuburg** mit Hofladen und Biobrauerei (www.stift-neuburg.de).

INFORMATION

Tourist-Information am Hauptbahnhof, Willy-Brandt-Platz 1, 69115 Heidelberg, Tel. 06221 584 44 44, www.heidelberg-marketing.de

❷ Neckargemünd

988 erstmals erwähnt, um 1230 vom staufischen König Heinrich VII. zur Reichsstadt erhoben, liegt „Heidelbergs schöne Nachbarin" (14 000 Einw.) an der Mündung der Elsenz und zu Füßen des Hollbergs, auf dem einst die Burg Reichenstein stand.

„Alt Heidelberg, du feine, du Stadt an Ehren reich, am Neckar und am Rheine kein' andre kommt dir gleich."

Joseph Victor von Scheffel

SEHENSWERT

Die kleine **Altstadt** mit ihren Gassen und Fachwerkbauten erstreckt sich vom Hanfmarkt mit dem schmalen Schilderhäuschen (1569) hangaufwärts über den Marktplatz bis zum frühklassizistischen **Karlstor** (1788). Im **Alten Rathaus** (um 1770) ist das **Stadtmuseum** untergebracht (Hauptstr. 25, Tel. 06223 48 82 40; So. 11.00–17.00, Sonderausstellungen auch Sa. 14.00–17.00 Uhr). An der engen Kleppergasse verlief einst die Stadtmauer. Der **Prinz Carl** (Hauptstr. 56) war eines der vielen Gasthäuser Neckargemünds mit eigener Brauerei (16. bis 18 Jh.; heute Musikschule). In der von einem Park umgebenen **Villa Menzer** (1892) werden Wechselausstellungen gezeigt (Dilsberger Str. 2, Infos unter Tel. 06223 48 82 40 oder bei der Tourist-Info); urspr. lebte hier ein Weingroßhändler, dem das Städtchen auch eine der ersten Tavernen verdankt.

UMGEBUNG

Über dem Ort thront seit mehr als 800 Jahren die **Festung Dilsberg;** regelmäßig dient die Ende des 19. Jh. teilw. restaurierte mittelalterliche Burgruine Konzerten, Theateraufführungen und als Festkulisse (www.burg-dilsberg.de).

Bergfeste Dilsberg; Nibelungengarten in Neckarsteinach; Flussschleife bei Neckargerach

INFORMATION

Tourist-Information, Neckarstr. 21, 69151 Neckargemünd, Tel. 06223 35 53, www.neckargemuend.de

❸ Neckarsteinach

Einst gehörte die Vierburgenstadt (3800 Einw.) an der Mündung der Steinach in den Neckar zum Hochstift Worms, dessen mittelalterlichem Lehnsherrn, dem Minnesänger Bligger von Steinach (um 1200), sie ihr Wappen verdankt. 1879 wurde Neckarsteinach an die Neckartalbahn angeschlossen. Der Ort schmiegt sich in eine Flusskurve; an der langen, autofreien Uferpromenade legen Ausflugsschiffe an und ab.

SEHENSWERT

In der **Altstadt** mit Fachwerkhäusern wie dem Schönauer Hof ist noch Mittelalterliches erhalten, darunter die Bliggergasse und Teile der Stadtmauer (14. Jh.), u. a. am Amtshaus (heute Restaurant). Im **Nibelungengarten** symbolisieren sechs Sandsteinköpfe die wichtigsten Figuren des Nibelungenlieds.
Einen weiten Zeitrahmen spannt das Burgenquartett der Stadt. Zwischen dem frühen 12. und 13. Jh. entstanden auf der westl. Bergzunge die **Vorderburg** (heute Sitz der Warsberg'schen Forstverwaltung), die **Mittelburg** (im 16. Jh. zum Renaissanceschloss umgebaut und im 19. Jh. gotisiert), die **Hinterburg** (Ruine) und als jüngste, neckarabwärts auf einem steil abfallenden Felsmassiv, **Schadeck** („Schwalbennest", um 1200). Über die Jahrhunderte zählten sie unterschiedlichste Besitzer; Schadeck und Hinterburg sind heute frei zugänglich.

INFORMATION

Tourist-Information, Neckarstr. 47, 69239 Neckarsteinach, Tel. 06229 70 89 14, www.neckarsteinach.com

❹ Hirschhorn

Als südlichstes Stückchen Hessens schmiegt sich der von seiner mittelalterlichen Burg dominierte Luftkurort (3500 Einw.) zwischen Neckarufer und den bewaldeten Feuerberg.

SEHENSWERT

Hinter der weitgehend erhaltenen Stadtmauer verlaufen in der kleinen **Altstadt** einige enge, teils steil zum Burgberg ansteigende Gassen mit Fachwerkbauten. Die **Pfarrkirche** (1731) nutzt als Kirchturm den Turm des ehem. Mitteltors (1392). Bereits um 1250 begannen die „Herren vom Hirschhorn" mit ihrer **Burganlage,** die sie als Zentrum ihrer Herrschaft bis zum 15. Jh. ausbauten. Zwischen Burg und Stadt ließen sie ein Karmeliterkloster errichten; die **Klosterkirche** (ab 1400) blieb, oftmals umgebaut, erhalten; hier finden, wie im Klosterhof und im Kapitelsaal, immer wieder Konzerte statt. 1632 starb der letzte Ritter von Hirschhorn; heute bergen die historischen Räume der **Burg** ein Hotel (derzeit wg. Umbau geschl.).
Als älteste Kirche des Neckartals gilt die bereits 773 im Lorscher Codex erwähnte **Ersheimer Kapelle** am gegenüberliegenden Neckarufer.

MUSEUM

In der einstigen Großherzoglichen Oberförsterei (1806) ist das **Museum Langbein** untergebracht mit der „Naturalien- und Alterthümer-Sammlung" im 19. Jh. (Alleeweg 2, www.museum-hirschhorn.de; Di.–Fr. 10.00–12.00, 14.00–17.00, Mai–Sept. Di. nur nachm., zusätzl. Sa. vorm. und So. 15.00–17.00 Uhr).

INFORMATION

Tourist-Information, Alleeweg 2, 69434 Hirschhorn, Tel. 06272 17 42, www.hirschhorn.de

❺ Eberbach

Eine Burg Eberbach und die gleichnamige Adelsfamilie wurden bereits im 12. Jh. genannt; als Gründer der Stadt (14 500 Einw.) gilt jedoch

Stauferkönig Heinrich VII. Mangels Ackerflächen prägten Schifffahrt und Schiffbau, Flößerei, Holzhandel und Steinhauerei das wirtschaftliche Leben. Die Inbetriebnahme der Neckartal-Eisenbahn (1879) und die Kanalisierung des Neckars brachten der Stadt neuen wirtschaftlichen Auftrieb. Inzwischen siedeln in den Seitentälern Betriebe chemischer, pharmazeutischer und elektrotechnischer Branchen.

SEHENSWERT

Die kleine **Altstadt** zwischen den vier Ecktürmen der ab dem 13. Jh. erbauten, in Teilen erhaltenen mittelalterlichen **Stadtmauer** (Pulver-, Haspel- und Rosenturm, Blauer Hut; 13.–15. Jh.) ist heute Fußgängerzone. Sie birgt zahlreiche **Fachwerkbauten,** u. a. das Bettendorf'sche Haus mit dem spätromanischen Bettendorf'schen Tor (es diente Heinrich VII. als privater Zugang zur Stadt) und das gegenüberliegende Wecker'sche Haus. Das Alte Badhaus geht auf einen mittelalterlichen Kreuzgewölbebau zurück. Das **Alte Rathaus** (1823) am Marktplatz gilt als schönes Beispiel des klassizistischen Weinbrennerstils und birgt heute das **Stadtmuseum** (Di., Fr. 15.00–17.00, Sa./So. ab 14.00 Uhr). Das **Thalheim'sche Haus** (1447), der älteste Steinbau Eberbachs, war einst Sitz der kurpfälzischen Verwaltung, dann Fürstlich Leiningen'sches Jagdpalais und später das Rathaus der Stadt; heute beherbergt es das Informationszentrum des Naturparks Neckartal-Odenwald (Di.–Do. 14.00–16.30, So., Fei. 14.00 bis 17.00 Uhr).

UMGEBUNG

Fester Bestandteil der Sommerfestspiele auf dem aus einer mittelalterlichen Burg erwachsenen **Schloss Zwingenberg** (11 km südöstl.) ist Carl Maria von Webers Oper „Der Freischütz"; angeblich hat die nahe Wolfsschlucht den Komponisten zu dem Werk inspiriert.
Bei **Neckargerach** (13 km südöstl.) geht es in die tief in den Buntsandstein eingekerbte, unter Naturschutz stehende **Margaretenschlucht.** Auf dem westlichen, schon zum sogenannten Kleinen Odenwald gehörenden Flussufer des Ortes, erhebt sich die Ruine der **Minneburg** (urspr. 13. Jh., 16. Jh.).
Neckarzimmern (28 km südöstl.) verdankt seine Bekanntheit Götz von Berlichingen. Der fränkische Reichsritter, der als Anführer im Bauernkrieg eine wichtige Rolle spielte und Goethe als Vorbild für sein gleichnamiges Schauspiel diente, erwarb 1517 die über dem Ort thronende Burg Hornberg; nach Berlichingens Tod 1562 gelangte sie an die Freiherren von Gemmingen (www.burg-hornberg.de).
In **Neckarmühlbach** bei Haßmersheim (32 km südöstl.) thront hoch über dem Ort die spätmittelalterliche **Burg Guttenberg** mit Burgmuseum (April–Okt. tgl. 10.00–18.00 Uhr) und der Deutschen Greifvogelwarte (www.burg-guttenberg.de).

INFORMATION

Tourist-Information, Leopoldsplatz 1, 69412 Eberbach, Tel. 06271 8 72 42, www.eberbach.de

Genießen Erleben Erfahren

DuMont Aktiv

Im Kanu auf dem Neckar

Mit eigener Muskelkraft Flussauen und Burgen vom Wasser aus entdecken – bereits eine Stunde Paddeln im Kanadier zwischen Eberbach, Hirschhorn, Neckarsteinach, Neckargemünd und Heidelberg bietet faszinierende Panoramen.

Fünf schlanke Ruderboote schmiegen sich an den breiten Schiffsanleger; bald gesellt sich zu den hölzernen Vierern und Zweiern unser großes rotes Kunststoffkanu. Wir legen die Schwimmwesten an, verstauen unsere Siebensachen in einer Plastiktonne und nehmen das Paddel in die Hände. „Oben am Knauf und kurz über dem Blatt fassen", hatte Thomas bei der Einweisung gesagt. Und dass wir uns immer in Ufernähe halten sollten: „Die Flussmitte ist der gewerblichen Schifffahrt vorbehalten." Schließlich ist der Neckar eine Bundeswasserstraße. Mehrere Schlepper und ein Ausflugsdampfer gleiten an uns vorbei und schlagen mehr oder minder hohe Wellen, denen wir mit quer gestelltem Bug trotzen. Ein Graureiher und ein Schwanenpaar beäugen neugierig unser Kanu; am Ufer weiden Pferde.

Als die Sonne hinter den Wolken hervorblitzt, legt sie Spots auf einzigartige Panoramen: die mächtige Burg von Neckarsteinach, das romantische „Schwalbennest" – und nach einer der vielen Flussbiegungen hoch oben auf dem Dilsberg die gleichnamige Siedlung mit ihren beiden nadelspitzen Kirchtürmen. Da gönnen wir den Armmuskeln ein wenig Pause und lassen uns von der Strömung treiben. Die Ruderer ziehen derweil sportlich an uns vorbei ...

Kanuverleih u. a. bei Hochseilgarten & Kanuverleih Neckargemünd, Schwimmbadstr. 40, Tel. 06223 80 55 08, www.hochseilgarten-neckargemuend.de
Ein-/Ausstiegsstelle je nach gebuchter Streckenlänge (12–24 km) in Eberbach, Hirschhorn, Neckargemünd (Campingplatz an der Friedensbrücke) oder Heidelberg. Die Rückfahrt zum Startpunkt funktioniert gut per S-Bahn.
Stundenweises Paddeln nur ab Neckargemünd, Friedensbrücke.

Interessante Unterkünfte

Da wird Schlafen zum Erlebnis

Eine restaurierte Jugendstilschule im Dorf, ein Hafenspeicher am Rheinufer, ein Campingplatz mit Zeltlodges oder eine Ferienwohnung auf dem Bauernhof – das Angebot an Übernachtungsmöglichkeiten ist breit gefächert im Odenwald. Egal wie klein oder groß der Geldbeutel ist: Langweilig und austauschbar muss die Unterkunft nicht sein.

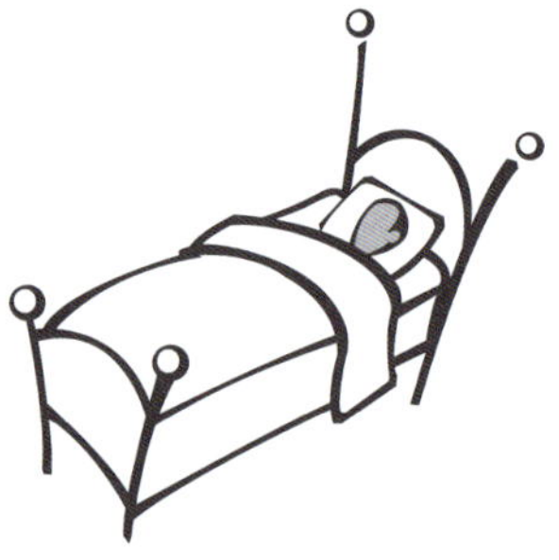

2

2

1 Zeltlodge mit Himmelbett

Camping mal anders: Auf dem Platz im Fischbachtal, unterhalb des Lichtenberger Schlosses, gibt es nicht nur die Möglichkeit, eigene Behausungen aufzubauen. Wer ohne Ausrüstung unterwegs ist, kann sich hier auch in eine der beiden Zeltlodges einmieten. Ausgestattet sind sie mit insgesamt fünf Schlafplätzen, zwei davon in einem Himmelbett, eigenem Bad und Küchenzeile. Bettdecken und Kopfkissen gibt es gegen Aufpreis. Ähnliches gilt für die beiden Wohnwagen. Auch ein Naturschwimmbad gehört zu der Anlage.

Odenwaldidyll,
Campingplatz 1,
64405 Fischbachtal,
Tel. 06166 85 77,
www.odenwald-idyll.de

2 Ein Bett im Kornspeicher

Ein Getreidespeicher im Mannheimer Hafengebiet ist zum Hotel mutiert. Zwanzig individuelle Gästezimmer und Lounges bietet das prägnante Fünfzigerjahregebäude, der Stilmix aus Vintage und Klassikern entspricht dem damaligen Zeitcharakter. Alle Zimmer bieten einen besonderen Blick auf die Hafenkulisse und weisen markante Elemente aus der Bauepoche des Speichers auf.

Speicher7 Hafen-Hotel,
Rheinvorlandstraße 7,
68159 Mannheim,
Tel. 0621 1 22 66 80,
www.speicher7.com

3 Im Zeichen von Apfel und Rose

Gut, es gibt auch Rosenzimmer im Hotel Dornröschen, doch vor allem steht das 24-Zimmer-Haus im Zeichen des Apfels. Rote oder grüne Exemplare auf der Bettwäsche, dem Vorhang und als Bildmotiv an der Wand – da mag man beim Einschlafen an Adam und Eva denken oder aber an Apfelwein und Destillate aus der paradiesischen Frucht. Kulinarische Apfelträume lassen die Gastgeber wahr werden: Ob Apfelweintrüffel, Apfel-Secco oder Apfelweinsorbet – alles ist hausgemacht.

Hotel Dornröschen,
Annelsbacher Tal 43,
64739 Höchst-Annelsbach,
Tel. 06163 24 84,
http://dornroeschen-annelsbach.de

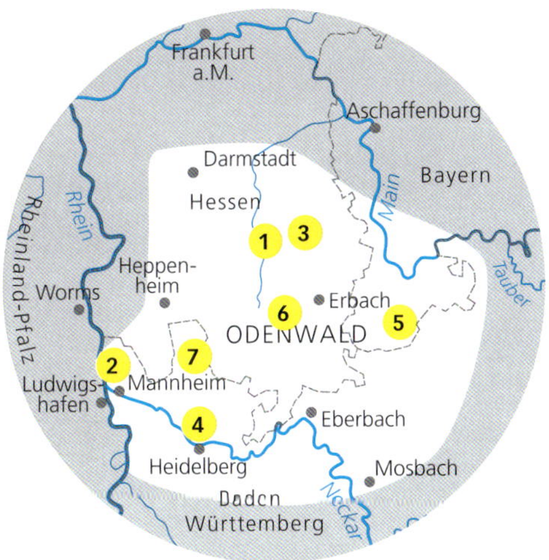

4 Wo Schiffer einst wohnten

Mal steht ein cognacfarbener Ohrensessel auf dem weinroten Teppich, mal ein filigraner blauer Zweisitzer auf der Auslegeware im gleichen Ton. Streifen und Rauten, gesteppte Quadrate und geschwungene Eisengitter finden sich in den 27 Zimmern des kleinen Hotels – ein schöner Stilmix in historischem Gemäuer.

Gasthaus Backmulde, Schiffgasse 11, 69117 Heidelberg, Tel. 06221 5 36 60, www.gasthaus-backmulde.de

5 Benediktinererbe

Unter dem Eichengebälk des ehemaligen Klosterguts Amorhof aus dem Jahre 1723 liegen die im rustikalen Stil eingerichteten Benediktinerzimmer. Es gibt aber auch elegante Alternativen mit dem Flair eines englischen Landhauses oder mit ausgesuchten Antiquitäten in dem historischen Anwesen, zu dem einst sogar ein Kelterhaus zählte. Geblieben ist die eigene Quelle – und das Brennrecht, sodass in den beiden Gourmetrestaurants hausgemachte Brände aus Schlehe, Hagebutte oder auf dem Gutsgelände gesammelten Beeren ausgeschenkt werden.

Schafhof Amorbach, Schafhof 1, 63916 Amorbach, Tel. 09373 9 73 30, www.schafhof.de

6 Ferien auf dem Ökohof

In einem alten, denkmalgeschützten Odenwälder Fachwerkbauernhaus haben Peter und Lydia Hanst zwei gemütliche Ferienwohnungen für bis zu vier Personen eingerichtet. Auf dem ökologisch bewirtschafteten Hof tummeln sich rund zwei Dutzend Kühe und Kälber, Schafe sowie ein Haflingerpferd.

Ferienwohnungen Hanst, Ortsstraße 139, 64756 Mossautal/Unter-Mossau, Tel. 06062 21 81, www.odenwald-tourismus.de/ferienwohnung/hanst/index.htm

7 Schulzeiterinnerungen

Einige Gästezimmer des schon im frühen 20. Jahrhundert bezeugten Gasthofs befinden sich in der restaurierten ehemaligen Schule. Das denkmalgeschützte Gebäude von 1912 weist zum Teil noch die stilechten Sprossenfenster und andere Zeitdetails auf. Auch das Mobiliar wurde passend ausgewählt.

Gasthof zur Rose, Großsachsener Straße 20, 69469 Weinheim-Oberflockenbach, Tel. 06201 2 95 50, www.gasthof-zur-rose.de

Service

Wie kommt man hin? Was isst man dort? Was sollte man über Land, Leute und Geschichte wissen? Wer gibt weitere Auskünfte? Unser Serviceteil beantwortet alle Fragen zum Odenwald knapp und übersichtlich.

Anreise

Mit dem Auto: Von Westen und Osten ist der Odenwald via Autobahn A 3 und dann Richtung Süden über die Hauptarterie B 45 gut erreichbar (Höchst, Bad König, Michelstadt, Erbach, Eberbach). Über die B 469 geht es von der A 3 gen Süden bis nach Miltenberg. Von Norden bedient die A 5 Darmstadt, Bensheim, Lorsch, Heppenheim und Lindenfels. Die B 26 und B 38 erschließen von Darmstadt aus die Orte Roßdorf, Reinheim und Reichelsheim. Heidelberg und Mannheim sind über die A 5 (Frankfurt–Basel) bzw. die A 67 rasch zu erreichen.
Mit Bahn und Bus: Größere Bahnstationen am Rand der Region sind Frankfurt, Mannheim, Darmstadt und Aschaffenburg (www.bahn.de). Die Linien 64 und 65 der Odenwald-Bahn verbinden den Odenwald mit der Metropolregion Rhein-Main. Die Odenwald-Bahn verläuft von/bis Frankfurt, Darmstadt, Wiebelsbach-Heubach, Eberbach am Neckar (www.rmv.de). Zwischen Frankfurt und Heidelberg verkehren außerdem regelmäßig diverse Fernbusse (ab 5 € pro Strecke; www.fernbusse.de).
Den Odenwald selbst erschließen sechs unterschiedlich gut bediente Buslinien (von tgl. unter drei bis tgl. mehr als sechzehn Fahrten) sowie der nur am Wochenende verkehrende NaTourBus (www.odenwaldmobil.de).
Die Region um Mannheim, Heidelberg, Weinheim, Schwetzingen wird vom Verkehrsverbund Rhein-Neckar bedient (www.vrn.de); so gibt es beispielsweise eine S-Bahn-Verbindung von Heidelberg bis Osterburken.
Mit dem Flugzeug: Der nächstgelegene Flughafen ist der von Frankfurt am Main (www.frankfurt-airport.com).

Tipp

HeidelbergCard

Mit der HeidelbergCard gibt es Ermäßigungen u. a. bei Stadtführungen, in der Gastronomie, beim Einkaufen sowie in Sachen Kultur (Museen, Theater, Ausstellungen) und Freizeit (u. a. Schiffs- und Bootsfahrten, Zoo, E-Bike-Verleih). Die Karte berechtigt während der eingetragenen Gültigkeitsdauer zur freien Fahrt mit allen Bussen, Straßenbahnen und freigegebenen Zügen (bei der DB: RE, RB und S-Bahn, jeweils 2. Klasse) des Verkehrsverbunds Rhein-Neckar VRN in der Großwabe Heidelberg (Wabe 125). Zudem umfasst die Karte eine Hin- und Rückfahrt mit der Bergbahn bis zur Molkenkur (über das Schloss) sowie den einmaligen Eintritt in den Schlosshof mit dem Fasskeller und den Besuch des Deutschen Apotheken-Museums.

1 Tag 15 €, 2 Tage 17 €, 4 Tage 19 €, Familienkarte 2 Tage 36 € (2 Erw. mit bis zu 3 Kindern oder 1 Erw. mit bis zu 4 Kindern bis 16 Jahre); erhältlich u. a. bei den Tourist-Informationen am Rathaus und am Hauptbahnhof; www.heidelberg-marketing.de

Auskunft

Überregionale Tourist-Informationen:
Odenwald Tourismus GmbH, Marktplatz 1, 64720 Michelstadt, Tel. 06061 96 59 70, www.tourismus-odenwald.de
Tourist-Information NibelungenLand, Marktplatz 1, 64653 Lorsch, Tel. 06251 17 52 60, www.nibelungenland.net
Touristikgemeinschaft Odenwald e. V., Neckarelzer Str. 7, /4821 Mosbach, Tel. 06261 84 13 90, www.tg-odenwald.de
Im Internet: www.hessen-tourismus.de, www.diebergstrasse.de, www.tsob.de, www.naturpark-neckartal-odenwald.de

Essen & Trinken

„Sagenhaft …! Natürlich aus der Region", so lautet der Slogan vieler Gastwirtschaften des Odenwalds. Auf der Basis vorwiegend einheimischer Produkte bieten sie sowohl traditionsreiche deftige Gerichte an als auch zeitgenössisch verfeinerte Varianten oder fantasiereiche Neukreationen.

Betriebe der Marke **Odenwald-Gasthaus** (www.odenwaldgasthaus.de) verzichten auf Geschmacksverstärker, Farbstoffe, Füll- und Konservierungsmittel. Bis zu 90 % der von ihnen verarbeiteten Produkte stammen aus der Region.
Erzeuger, die sich unter der Regionalmarke **Echt Odenwald** (www.regionalmarke-odenwald.de) zusammengeschlossen haben, garantieren sowohl geprüfte Qualität als auch kurze Transportwege. Beim Fleisch steht das Siegel zudem für artgerechte Tierhaltung bzw. zertifiziertes Biofleisch (Gelbvieh- oder Angus-Rind, Lamm, Schwein). Auch Wild, Fisch, Wurst und Lardo-Speck kommen aus dem Odenwald; dasselbe gilt für diverse Obst- und Gemüsesorten, für Biomehl, Honig, Bier, Wein, Apfelwein und edle Destillate.
Slowfood empfiehlt jeweils ein Dutzend Odenwälder Herstellerbetriebe und ebenso viele Einkehrmöglichkeiten (www.slowfood.de). Die Bandbreite der Lokale reicht vom Bauernhofcafé über den familiengeführten Dorfgasthof und die traditionsreiche Landgaststätte mit eigener Edelbrennerei bis hin zum Gourmetlokal, das Regionales fein zelebriert.
Eine **Auswahl an Restaurants und Cafés** wird auf den Infoseiten vorgestellt. Dabei gelten folgende Preiskategorien:

Preiskategorien

€€€€	Hauptspeisen	über 20 €
€€€	Hauptspeisen	15–20 €
€€	Hauptspeisen	10–15 €
€	Hauptspeisen	bis 10 €

Lektüre

In Susanne Roßbachs **Der Tote vom Odenwald** ermitteln eine junge Touristin und ein Polizist gemeinsam im Mordfall eines Bauern in Beerfelden (Midnight 2017).
Der blauen Sehnsucht Tod zählt zu den Krimis von Brigitte Pons mit dem Ermittler Frank Liebknecht. Diesmal geht es um eine weibliche Leiche in Vielbrunn (Lyx Tb. 2015).
Tödliche Freundschaften ist der dritte Odenwaldkrimi des Otzberger Exbankers Willi Schissler. Die Verbrechen geschehen u. a. in seinem Heimatdorf sowie in Eberbach (Naumann 2015).
Andreas Laudans **Das blaue Leuchten** ist ein Thriller um eine neu entdeckte Höhle im Odenwald, um fanatische Schatzsucher und eine blinde Höhlenforscherin (Rowohlt Tb. 2014).
Die Grube Messel ist Schauplatz in Bernhard Kegels Roman **Das Ölschieferskelett** um evolutionstheoretische Erkenntnisse sowie Fauna, Flora und Geologie vor 50 Millionen Jahren. Der Autor ist ausgebildeter Biologe und Chemiker (Fischer Tb. 2013).
Alla hopp! Geschichten und Anekdoten aus Heidelberg wurden von Susanne Fiek, einer einheimischen Gästeführerin, recherchiert und erzählt (Wartberg 2013).

Sport

Als sanftes Mittelgebirge mit Flüssen, Bächen und Seen eignet sich der Odenwald für vielerlei Sport- und Freizeitaktivitäten – angefangen beim Wandern über Radfahren/Mountainbiking bis hin zum Kanufahren, Reiten, Skilanglaufen, Angeln und Nordic-Walken. Viele Angebote sind innerhalb des Geo-Naturparks Bergstraße-Odenwald zu finden (www.geo-naturpark.net).
Golf: Zehn Golfplätze bietet der Odenwald inkl. der Region Mannheim, und zwar Golf Club Darmstadt Traisa e. V. (Am Dippelshof 19, 64367 Mühltal, www.gc-dt.de), Golf Sport Park Groß-Zimmern (Darmstädter Straße 111, 64846 Groß-Zimmern, www.gc-zimmern.de), Golfclub Gut Sansenhof e. V. (Gut Sansenhof, 63916 Amorbach-Sansenhof, www.golf-sansenhof.de), Natur Golf Club Geierstal e. V., Ohrnbachtalstraße 7, 64720 Michelstadt, www.golfclub-geierstal.de), Golf-Club Odenwald e. V., Am Golfplatz 1, 64753 Brombachtal, www.golfclub-odenwald.de), Golfclub Mudau e. V. (Donebacher Straße 41, 69427 Mudau, www.golfclubmudau.de), Golf- und Landclub Buchenhof Hetzbach e. V. (An der alten Buche 8, 64760 Oberzent, www.golfclub-buchenhof.de), Golfclub Heddesheim Gut Neuzenhof e. V. (68519 Viernheim, www.gc-heddesheim.de), Golf & Country Club Erftal e. V. (Ortsstraße, 63928 Eichenbühl-Guggenberg, www.golfclub-erftal.de), Golfclub Glashofen-Neusaß e. V. (Mühlweg 7, 74731 Walldürn-Neusaß, www.golfclubglashofen-neusass.de.
Motorsport: Die schmalen, oft kurvigen Straßen der Odenwälder Hügel und Berge locken vor allem an den Wochenenden Hunderte von Motorradfahrern in die abwechs-

Info

Daten & Fakten

Landschaft: Der Odenwald ist ein aus einstigen Viertausendern entstandenes Mittelgebirge. Seine höchsten Gipfel sind der erloschene Vulkan Katzenbuckel (626 m) östl. Eberbach und die Neunkircher Höhe (605 m) nördl. Lindenfels. Geologisch zerfällt die Region in den (Bunt-) Sandstein-Odenwald und den kleineren Kristallinen Odenwald (Vorderer Odenwald). Die Gesteinsgrenze verläuft ungefähr entlang der Linie Groß-Umstadt–Brombachtal bzw. Mossautal–Wald-Michelbach–Abtsteinach–Schriesheim. Bedingt durch die diversen Gesteinsarten umfasst das Bild des Odenwalds Bergkegel und Kuppen ebenso wie lang gestreckte Höhengrupppen. Sie wechseln immer wieder mit weiten, offenen oder engen Tälern; oft durchflossen von kleinen Bächen. Grünland in Gestalt von Weiden, (Streuobst-)Wiesen und Feldern wechselt mit Waldflächen. Zudem umfasst der Odenwald zahlreiche Naturschutzgebiete wie das Schannenbacher Hochmoor und das Wiesentälchen, beide in der Nähe des Felsenmeers.
Bevölkerung und Verwaltung: Verwaltungspolitisch zählt der Odenwald in Teilen zu den Bundesländern Hessen, Bayern und Baden-Württemberg. Sechs Landkreise sind zuständig für die Region, drei davon liegen in Hessen: der Odenwaldkreis (Verwaltungssitz Erbach, Fläche 624 km², 96 000 Einw.), der Kreis Bergstraße (Verwaltungssitz Heppenheim, Fläche 720 km², 263 000 Einw.) sowie der Kreis Darmstadt-Dieburg (Verwaltungssitz Darmstadt, Fläche 658 km², 285 000 Einw.). Zu Bayern zählt der Kreis Miltenberg (Verwaltungssitz Miltenberg, Fläche 716 km², 128 000 Einw.), zu Baden-Württemberg der Neckar-Odenwald-Kreis (Verwaltungssitz Mosbach, Fläche 1100 km², 150 000 Einw.) und der Rhein-Neckar-Kreis (Verwaltungssitz Heidelberg, Fläche 1000 km², 532 000 Einw.).
Die größten Städte sind Bensheim (40 000 Einw.), Heppenheim (25 000 Einw.), Michelstadt (16 500 Einw.), Erbach (13 500 Einw.), Bad König (9000 Einw.), Breuberg (7500 Einw.) und Beerfelden (6400 Einw.). Dazu liegen im Umfeld die Großstädte Mannheim (300 000 Einw.) und Heidelberg (155 000 Einw., davon 31 000 Studenten) sowie die Große Kreisstadt Schwetzingen (22 000 Einw.).
Wirtschaft: Dienstleistung und produzierendes Gewerbe bilden die beiden Säulen der Wirtschaft im Raum Odenwald. Im Gegensatz zum Augenschein sind Land- und Forstwirtschaft abgeschlagen. Aufgeschlüsselt nach Landkreisen ergibt sich folgendes Bild: Mehr als die Hälfte der Beschäftigten im hessischen Odenwaldkreis (54,5 %) sind im Dienstleistungsbereich tätig; 44,6 % im produzierenden Gewerbe. Im Kreis Darmstadt-Dieburg liegt der Anteil der Beschäftigten in der Land- und Forstwirtschaft mit 1,5 % zwar etwas höher als in den übrigen Landkreisen des Odenwalds, aber auch hier ist das Gros der Erwerbstätigen (60,4 %) im Dienstleistungsbereich tätig; 38 % im produzierenden Gewerbe. Ein vergleichbares Bild liefert der Kreis Bergstraße. Hier liegt der Anteil der Beschäftigten in der Land- und Forstwirtschaft bei 1,2 %, 65,4 % arbeiten im Dienstleistungsbereich, im produzierenden Gewerbe 33,4 %. Im bayerischen Landkreis Miltenberg ist das Verhältnis etwa hälftig; Forst- und Landwirtschaft spielen eine untergeordnete Rolle. Ähnliches gilt für den Rhein-Neckar-Kreis, wo 36 % Beschäftigten im produzierenden Gewerbe (Metallverarbeitung, Chemische Industrie, darunter viele mittelständische Unternehmen) und 63 % im Dienstleistungsbereich (u. a. Software, Finanzen) tätig sind. Im Neckar-Odenwaldkreis beträgt das Verhältnis zwischen sekundärem und tertiärem Sektor 45 % zu 54 %.

Geschichte

5500 v. Chr.: Erste bäuerliche Besiedlung (Bandkeramiker) um Reichelsheim-Gersprenz, an der Juhöhe zwischen Heppenheim und Mörlenbach und im Neckartal.
Ab 600 v. Chr.: Kelten und im 1. Jh. v. Chr. Germanen besiedeln Südwestdeutschland.
1. Jh. n. Chr.: Die Römer erobern die Region. In der Regierungszeit Kaiser Hadrians (117 bis 138 n. Chr.) entstehen einige dörfliche Siedlungen (*vici*) und zahlreiche Gutshöfe (*villae rusticae*) wie die Villa Haselburg.
Um 160: Vorverlegung des ab 100 angelegten römischen Odenwaldlimes Wörth am Main–Bad Wimpfen am Neckar zur neuen (Obergermanischen) Limeslinie Miltenberg am Main–Walldürn–Osterburken–Jagsthausen und weiter gen Süden.
Ab 260: Zerfall der römischen Macht. Die Alemannen drängen auch in den Odenwald und besiedeln das Land zwischen Main und Neckar. Ihnen folgen die Franken.
496: Teilung des Siedlungsraums zwischen Alemannen und Franken. Der Odenwald kommt zum Fränkischen Reich.
5./6. Jh.: Die Franken unter dem Merowinger Chlodwig I. teilen ihr Herrschaftsgebiet in Gaue und Gaugrafschaften ein. Um 500 lässt sich Frankenkönig Chlodwig aus machtpolitischen Gründen christlich taufen.
8. Jh.: Christianisierung der Region durch iro-schottische Mönche (Pirminius, Bonifatius). Gründung des Klosters Amorbach (714) und des Klosters Lorsch (764). Auf den für die Landwirtschaft günstigen Muschelkalkböden des heutigen Baulands (zwischen Buchen und Osterburken) entsteht ein weitmaschiges Siedlungsnetz.
12. Jh.: Die württembergischen Staufer erringen die römisch-deutsche Königsmacht und stellen auch einige Kaiser. Sie weiten ihr Territorium auch im Rhein-Neckar-Gebiet aus, errichten Burgen u. a. in Heidelberg, bei Haßmersheim, Neckargemünd, Eberbach, Schriesheim, Lorsch und Heppenheim.
1170–1195: Der Lorscher Codex entsteht; er verzeichnet u. a. die Rechte und Besitztümer des Klosters Lorsch. In dem Manuskript werden Tausende Orte erstmals urkundlich erwähnt.
13. Jh.: Erste Textfassung des Nibelungenlieds, das im 19. Jh., national-politisch gedeutet, auch als Vorlage für Richard Wagners Opernzyklus „Ring des Nibelungen" dient.
Ab 1500: Viele große und kleine Herrschaftsgebiete prägen den Odenwald – u. a. Kurpfalz, Kurmainz, Grafschaft Katzenelnbogen, Landgrafschaft Hessen-Darmstadt, Grafschaft Erbach, Herrschaft Breuberg, Herrschaft Frankenstein, Herrschaft Steinach, Herrschaft Hirschhorn, Fürstentum Leiningen.
1525: Bauernaufstand unter Führung des Ritters Götz von Berlichingen gegen die Herrschaft des Klosters Amorbach.
1618–1648: Der Dreißigjährige Krieg erschüttert den gesamten Odenwald, ebenso wie Darmstadt, Heidelberg und Mannheim; die Menschen leiden Hunger und ab 1629 an einer Pestepidemie.
1688–1697: Ludwig IV. von Frankreich nimmt Erbfolgefragen zum Anlass, weite Teile der Pfalz und angrenzende Gebiete zu verheeren (Pfälzischer Erbfolgekrieg). Städte wie Mannheim und Heidelberg werden planmäßig zerstört. Elend und Armut bringen viele Bewohner dazu, auszuwandern.
1803: Die durch Friedensschluss mit dem revolutionären Frankreich benachteiligten deutschen Reichsfürsten erhalten als (meist überproportionale) Entschädigung den Besitz der durch Reichsbeschluss aufgelösten geistlichen Herrschaften (Säkularisierung). Es entstehen neue große Territorialherrschaften von Napoleons Gnaden wie Bayern (Königreich ab 1806), Württemberg (Königreich ab 1806), Baden (Großherzogtum ab 1806) oder Hessen-Darmstadt (Großherzogtum ab 1806). Diese Zugewinne haben auch nach dem Zusammenbruch des napoleonischen Frankreichs auf dem Wiener Kongress 1814/1815 weitgehend Bestand.

Heidelberg wurde im Jahr 1693 zerstört.

1817: Karl Friedrich Freiherr Drais von Sauerbronn fährt im Juni mit seinem neuen Laufrad von Mannheim nach Schwetzingen.
1818: Baden erhält eine liberale Verfassung, Grundstein für die deutsche Demokratie. 1820 folgt Hessen diesem Beispiel.
1821: Mit dem Bau des Wilhelmskanals wird der Neckar durchgehend schiffbar.
1849: Die in Baden 1848 begonnene Deutsche Revolution wird dank preußischer Militärhilfe in Rastatt niedergeschlagen. Viele Revolutionäre müssen emigrieren.
1871: Autopionier Carl Benz gründet in Mannheim seine erste „mechanische Werkstatt".
1899: Auf der Darmstädter Mathildenhöhe entsteht die Jugendstil-Künstlerkolonie.
1918: Nach dem Ende des Ersten Weltkriegs danken auch die Könige von Bayern und Württemberg sowie die Großherzöge von Baden und Hessen ab. Es entstehen der Volksstaat Hessen, der Freistaat Bayern und die beiden Länder Württemberg-Baden und Baden.
Ab 1921: Der Neckar wird zur Großschifffahrtsstrecke ausgebaut.
1939–1945: Zweiter Weltkrieg. Zahlreiche Städte werden zerstört, u. a. Darmstadt und Mannheim. Odenwald und Bergstraße gehören nunmehr zur amerikanischen Besatzungszone mit dem Hauptquartier der United States Army Europe in Heidelberg (bis 2013).
1946: Das Bundesland Hessen wird gegründet.
1952: Die Gründung des Bundeslands Baden-Württemberg folgt.
1991: Kloster Lorsch wird UNESCO-Welterbestätte.
1995: Grube Messel wird UNESCO-Naturerbestätte. 2010 eröffnet das Informations- und Besucherzentrum.
2004: Der 2002 ins Leben gerufene Geo-Naturpark Bergstraße-Odenwald erstreckt sich auf rund 3500 km² zwischen Rhein, Main und Neckar und umfasst mehr als 100 Kommunen und mehrere Landkreise. Im Süden überlappt er den Naturpark Neckartal-Odenwald auf baden-württembergischem Gebiet. Im Osten trifft er am Main auf den Naturpark Bayerischer Spessart.
2005: Der antike Grenzwall Obergermanisch-Raetischer Limes – ein Teil durchzieht den Odenwald von Nord nach Süd – wird UNESCO-Welterbe.
2015: Der Geo-Naturpark Bergstraße-Odenwald darf sich „UNESCO Global Geopark" nennen.
2018: Die Stadt Beerfelden und ihre Nachbargemeinden Hesseneck, Rothenberg und Sensbachtal fusionieren zur neuen Stadt Oberzent (10 000 Einwohner), die nun flächenmäßig mit 165 km² die drittgrößte Stadt Hessens bildet.

Links: Die sanft hügelige Landschaft des Odenwalds eignet sich ideal zum Radeln, wie hier auf der Wanderbahn-Route zwischen Mudau und Mosbach.

Unten: Im Frühjahr, wenn sich die Bergstraße als Blütenmeer zeigt, ist eine Wanderung auf dem neuen Blütenweg besonders reizvoll.

lungsreiche Mittelgebirgslandschaft. Ein beliebter Treffpunkt ist der Marbach-Stausee.
Nordic Walking: In Bad König, Oberzent-Beerfelden, Amorbach und Lindenfels gibt es professionelle, vom Deutschen Skiverband zertifizierte Trainingsstrecken für diese Sportart.
Radfahren: Gemütliche Radler kommen im Odenwald ebenso auf ihre Kosten wie Mountainbiker, die teilweise sehr steile Steigungen an den stark eingeschnittenen Bächen und Flüssen finden. Es sind diverse Wege und Trails ausgeschildert, u. a. der **Drei-Länder-Radweg;** der naturnahe Rundkurs (225 km, Michelstadt–Erbach–Beerfelden–Hirschhorn–Eberbach–Zwingenberg–Neckargerach–Mosbach–Buchen–Walldürn–Amorbach–Miltenberg–Wörth–Obernburg–Breuberg–Höchst–Bad König) kann mit Tourenrad oder Mountainbike befahren werden und führt u. a. entlang an Main und Neckar, Mümling und Mud, aber auch auf einige Höhen wie den Gotthardsberg. Weitere Möglichkeiten für Radsportler sind beispielsweise der **Rundkurs um Bad König oder Beerfelden** (jeweils 46 km), der **Siegfried-Radweg** (22 km, Beerfelden–Wald-Michelbach), der **Zwei-Burgen-Radweg** (16 km, Breuberg–Otzberg) und der **Familienradrundweg um Waldbrunn** (16 bis 31 km). Zu dem schönsten Themen-Radwanderwegen zählen **Limes-Radweg** (84 km, Abschnitt Obernburg–Jagsthausen), **Skulpturen-Radweg** (77 km, ab/bis Buchen), **Grünkern-Radweg** (rund 100 km, durch Odenwald, Taubertal, Hohenlohe und Heilbronner Land) sowie die **Wanderbahn** längs der stillgelegten Eisenbahnstrecke zwischen Mosbach und Mudau. Die Odenwälder Etappe des **Neckartal-Radwegs** (65 km) verläuft – fast eben und meist direkt am Fluss entlang – zwischen Mosbach und Heidelberg.
Viele Touren können auch als Pauschale gebucht werden, teilweise sogar mit Gepäcktransport; Leihräder bzw. E-Bikes gibt es bei vielen Tourist-Informationen (u. a. Mosbach) und u. a. bei radolino in Heidelberg (Lahrer Straße 24, www. radolino.de), in Rudis Radladen in Neckargemünd (Mühlgasse 2, www. rudis-radladen.de) und bei Odenwald Mountainbike Verleih in Wald-Michelbach (Finkenbacher Weg 12, www. odenwald-mountainbike-verleih.de). Die Preise liegen je nach Fahrradart bei 8–20 € pro Tag.
Reiten: Ein halbes Dutzend Reiterhöfe und Gestüte bieten Tages-, Schnupper- und Wanderritte bzw. Reiterferien für Kinder an; oft verbunden mit urigen Schlafgelegenheiten (beispielsweise in Pferdeboxen, auf dem Heuboden) oder der Möglichkeit zu Kutsch- und Planwagenfahrten. In Breuberg sind es die Fuhrhalterei Maul (Mümlingstraße 10, Tel. 06165 24 80, www.kutsche-planwagen-event. de) und das Welsh-Gestüt von Elsbeth und Corina Kretzer (Welsh-Gestüt 1, Tel. 06165 17 08, www. welsh-gestuet.de), in Erbach ist es das Gestüt Roßbacher Hof (Roßbach 30, Tel. 06062 6 31 31, www.freestyle-ranch.de), in Groß-Umstadt der Amorbachhof (Lothar Storck, Altheimer Straße 10, Tel. 06078 91 14 84, www.amorbach hof.de), in Reichelsheim der Ferienbauernhof Käsrah (Familie Schwöbel, Kriemhildstraße 8, Tel. 06164 15 41, www.kaesrah.de) und der Fjordpferdehof Eitenmüller (Im Oberdorf 10, Tel. 06164 13 02, www.fjordpferdehof-eiten mueller.de) und in Rimbach der Kreuzberg-Hof (Tel. 06253 80 67 16, www.reiterhof-kreuzberg hof.de).

Wandern: Den Odenwald durchziehen diverse Fern- bzw. Weitwanderwege. Der jüngste ist der 2016 eröffnete **neue Blütenweg** an der Bergstraße, der meist in mittleren Hanglagen über 95 km von Darmstadt nach Wiesloch führt. Der bekannteste ist sicher der **Nibelungensteig;** zwischen Bergstraße (Zwingenberg) und Main (Freudenberg) führt er über 124 km, vorwiegend auf schmalen Pfaden mit anspruchsvollen Steigen, durch tiefe Wälder und durchquert den Odenwald komplett von West nach Ost (www.nibelungenland.net/Nibelungensteig).

Den Namen „Blühende Bergstraße" hat die Landschaft der traditionell hohen Dichte an Obstbäumen zu verdanken.

Den beiden Limeslinien im Odenwald folgen entsprechende Teilstücke der **Limes-Wanderwege** (www.limeswanderweg.info): entlang dem westlichen Limes vom Main zum Neckar (84 km) und längs des Obergermanisch-Raetischen Limes von Miltenberg nach Osterburken (44 km). Insgesamt 120 km umfasst der zertifizierte Qualitätsweg **Burgensteig Bergstraße** (ehem. Burgenweg), der vorbei an über

Kanutouren auf dem Neckar sind beliebt.

30 Burgen und Schlössern von Darmstadt nach Heidelberg führt. Er kreuzt auf seinem Weg den Nibelungensteig bei Zwingenberg und den Neckarsteig bei Heidelberg (www.dieberg strasse.de).Von Bad Wimpfen bis Heidelberg folgt der **Neckarsteig** auf 126 km einem der romantischsten Flusstäler Deutschlands (www. neckarsteig.de). Auch der **Waldenserpfad** (www.hugenotten-waldenserpfad.eu) und der **Europäische Fernwanderweg** E 1 durchqueren den Odenwald – Letzterer auf 86 km von der Grube Messel bzw. Ober-Ramstadt bis an den Neckar, mit Ausklang in Heidelberg. Insgesamt 137 km umfasst der **Alemannenweg**, ein Rundkurs von der Einhardsbasilika bei Michelstadt, Auerbach und Lichtenberg, der zum Abschluss auch die Veste Otzberg und Böllstein tangiert (www.alemannenweg.de). Die Markierungen der Wanderwege sind zum größten Teil dem Engagement des Gebietswandervereins **Odenwaldklub** zu verdanken (www.odenwaldklub.de).

Wassersport: Auf dem Marbachstausee ist ein Teil der Wasserfläche für Surfer und Segler (bis 3,5 m² Segelfläche) freigegeben; auch Paddeln und Angeln sind möglich. Kanutouren werden auf dem Neckar ebenso angeboten wie auf den Nebenflüssen Kocher und Jagst.

Unterkunft

Abgesehen von den größeren Hotels in Städten wie Mannheim, Heidelberg und Darmstadt (die oft günstige Wochenendpauschalen anbieten) prägen **Pensionen, Gasthöfe** und **Ferienapartments** das Angebot im Odenwald. Es gibt rund ein Dutzend **Campingplätze** und ebenso viele Bauernhöfe mit Gästezimmern bzw. Wohnungen oder Ferienhäuschen, u. a. der Lindenhof in Beerfelden-Hetzbach und der Zeltnerhof in Lützelbach-Breitenbrunn.

Bei einigen gilt eine Mindestaufenthaltsdauer von drei Nächten (www.odenwald.de/service teil/gastgeberverzeichnis.html).

Eine **Auswahl an empfehlenswerten Hotels und Pensionen** ist auf den Infoseiten dieses Bildatlasses zu finden. Dabei gelten folgende Preiskategorien:

Preiskategorien

€€€€	Doppelzimmer	über 100 €
€€€	Doppelzimmer	100–150 €
€€	Doppelzimmer	50–75 €
€	Doppelzimmer	bis 50 €

Wellness

Kuren und Wellness bieten u. a. die Odenwald-Therme in Bad König (www.odenwald-therme.de), die Katzenbuckeltherme in Waldbrunn (www.katzenbuckel-therme.de) sowie das wunderschöne Jugendstilbad Darmstadt (www.jugendstilbad.de).

Einige Hotels der Region haben **Spa-Bereiche** mit Sauna, Hallenbad oder Whirlpool bzw. Massage- und Beauty-Angeboten eingerichtet, u. a. der „Europäische Hof" in Heidelberg, das „Landhotel Lortz" in Reichelsheim, der „Landgasthof Grüner Baum" in Beerfelden-Gammelsbach, das „Landhotel Kühler Grund" in Grasellenbach und das „Hotel Stumpf" in Neunkirchen.

Register

Impressum

3. Auflage 2018
© DuMont Reiseverlag, Ostfildern

Verlag: DuMont Reiseverlag, Postfach 3151, 73751 Ostfildern, Tel. 0711 4 50 20, Fax 0711 45 02 135, www.dumontreise.de
Geschäftsführer: Dr. Thomas Brinkmann, Dr. Stephanie Mair-Huydts
Programmleitung: Birgit Borowski
Redaktion: Achim Bourmer
Text: Rita Henss, Frankfurt am Main
Aktualisierung: Kim Laura Sander
Exklusiv-Fotografie: Ernst Wrba, Wiesbaden
Titelbild: Getty Images/Raimund Linke
Zusätzliches Fotomaterial: S. 5 u., 75 o.: iStock/draco77; 8/9: huber-images/Maurizio Rellini; 18/19: huber-images/Reinhard Schmid; 20 l. o.: iStock; 20 l. u.: Leif-Erik Schmitt, Heidelberg; 20 r.: Lammershof by Schwarz/Mario Stockhausen; 21 o.l.: Lammershof; 21 o.r.: Leif-Erik Schmitt, Heidelberg; 21 u. l.: Maren Kunkelmann, Bad König; 21 u. r.: HA Hessen Agentur GmbH/Paavo Blåfield; 41 r., 42 r. u.: DuMont Bildarchiv/Jo Holz; 43 .o.: iStock; 56 o.: iStock/Macrovector; 56 u. l.: Holzspielwaren A. Krämer/Harald Boos; 56 u. r.: Willi Baumann, Reichelsheim; 57 o.: Odenwälder Kochkäserei, Fürth-Lörzenbach; 57 u. l.: Mammutwerkstatt Schott, Erbach; 57 u. r.: Holzspielwaren A. Krämer/Jasmin Oberle; 67 u.: Hotel Prinz Carl, Buchen; 80 u.: Kunsthalle Mannheim/Lukac Diehl; 87 li.: Mauritius Images/Ernst Wrba; 113 o.: iStock/Kathy Konkle; 114 o.: iStock/Creative_Outlet; 114 u. l., u. r.: Speicher7, Mannheim; 115 o. l.: Gasthaus Backmulde, Heidelberg; 115 o. r., u.: Schafhof Amorbach; 116 u.: Gasthaus Backmulde, Heidelberg
S. 28 u.r.: Block Beuys, Joseph Beuys © VG Bild-Kunst, Bonn 2018
Grafische Konzeption, Art Direktion, Layout: fpm factor product münchen
Cover Gestaltung: Neue Gestaltung, Berlin
Kartografie: © MAIRDUMONT GmbH & Co. KG, Ostfildern
Kartografie Lawall (Karten für „Unsere Favoriten")
DuMont Bildarchiv: Marco-Polo-Straße 1, 73760 Ostfildern, Tel. 0711 4502-266, Fax 0711/4502-1006, bildarchiv@mairdumont.com

Für die Richtigkeit der in diesem DuMont Bildatlas angegebenen Daten – Adressen, Öffnungszeiten, Telefonnummern usw. – kann der Verlag keine Garantie übernehmen. Nachdruck, auch auszugsweise, nur mit vorheriger Genehmigung des Verlages. Erscheinungsweise: monatlich.

Anzeigenvermarktung: MAIRDUMONT MEDIA, Tel. 0711 450 20, Fax 0711 45 02 10 12, media@mairdumont.com, http://media.mairdumont.com
Vertrieb Zeitschriftenhandel: PARTNER Medienservices GmbH, Postfach 810420, 70521 Stuttgart, Tel. 0711 72 52-212, Fax 0711 72 52-320
Vertrieb Abonnement: Leserservice DuMont Bildatlas, Zenit Pressevertrieb GmbH, Postfach 810640, 70523 Stuttgart, Tel. 0711 7252-265, Fax 0711 7252-333, dumontreise@zenit-presse.de
Vertrieb Buchhandel und Einzelhefte: MAIRDUMONT GmbH & Co. KG, Marco-Polo-Straße 1, 73760 Ostfildern, Tel. 0711 45 02 0, Fax 0711 45 02 340
Reproduktionen: PPP Pre Print Partner GmbH & Co. KG, Köln
Druck und buchbinderische Verarbeitung: NEEF + STUMME premium printing GmbH & Co. KG, Wittingen, Printed in Germany

FSC
www.fsc.org
MIX
Papier aus verantwortungsvollen Quellen
FSC® C001857

Nicht nur wegen der tollen Lage am Meer und des imposanten Opernhauses: Sydney ist eine der schönsten Städte der Welt.

Eine von Berlins Vorzeigeansichten, der Blick auf Bode-Museum und Fernsehturm im Hintergrund.

Australien
Osten · Sydney

Faszination Down Under
An der Ostküste zeigt sich Australien in seiner ganzen Vielfalt: die Skala reicht vom tropischen Norden, über einsame Sandstrände bis zu den Weiten des Outback – ja, und dann ist da noch die Millionenmetropole Sydney.

Kleine Inselparadiese
Rund 700 Eilande ragen aus dem Great Barrier Reef auf, nur zwei Dutzend sind touristisch erschlossen, und die zehn schönsten Inselresorts stellen wir vor.

Wanderglück ist garantiert
Die beste Art sich dem Uluru, dem Ayers Rock, zu nähern, ist zu Fuß, folgen Sie unseren Wandervorschlägen!

Berlin

Große Kunst
Erwartet Sie in den Berliner Museen, nicht nur in jenen fünf, die auf der Museumsinsel liegen und von der UNESCO zum Welterbe gekürt wurden.

Die Hauptstadt anders erleben
Wie wäre es mit einer Rikscha-Tour durch das historische Berlin, mit einer Rundfahrt im Trabi oder mit einer Führung durch die Unterwelt?

Das hippe Berlin
Prenzlauer Berg, Kreuzberg, Friedrichshain und Neukölln, hier trifft sich heute die Szene! Wir verraten Ihnen, welche Clubs und Bars gerade angesagt sind.

www.dumontreise.de

Lieferbare Ausgaben

DEUTSCHLAND
119 Allgäu
092 Altmühltal
105 Bayerischer Wald
180 Berlin
162 Bodensee
175 Chiemgau, Berchtesgadener Land
013 Dresden, Sächsische Schweiz
152 Eifel, Aachen
157 Elbe und Weser, Bremen
168 Franken
020 Frankfurt, Rhein-Main
112 Freiburg, Basel, Colmar
028 Hamburg
026 Hannover zwischen Harz und Heide
042 Harz
023 Leipzig, Halle, Magdeburg
131 Lüneburger Heide, Wendland
188 Mecklenburgische Seen
038 Mecklenburg-Vorpommern
033 Mosel
190 München
047 Münsterland
015 Nordseeküste Schleswig-Holstein
006 Oberbayern
161 Odenwald, Heidelberg
035 Osnabrücker Land, Emsland
002 Ostfriesland, Oldenburger Land
164 Ostseeküste Mecklenburg-Vorpommern
154 Ostseeküste Schleswig-Holstein
201 Pfalz
040 Rhein zw. Köln und Mainz
185 Rhön
186 Rügen, Usedom, Hiddensee
137 Ruhrgebiet
149 Saarland
182 Sachsen
081 Sachsen-Anhalt
117 Sauerland, Siegerland
159 Schwarzwald Norden
045 Schwarzwald Süden
018 Spreewald, Lausitz
008 Stuttgart, Schwäbische Alb
141 Sylt, Amrum, Föhr
204 Teutoburger Wald
170 Thüringen
037 Weserbergland
173 Wiesbaden, Rheingau

BENELUX
156 Amsterdam
011 Flandern, Brüssel
179 Niederlande

FRANKREICH
177 Bretagne
021 Côte d'Azur
032 Elsass
009 Frankreich Süden Okzitanien
019 Korsika
071 Normandie
001 Paris
198 Provence

GROSSBRITANNIEN/IRLAND
187 Irland
202 London
189 Schottland
030 Südengland

ITALIEN/MALTA/KROATIEN
181 Apulien, Kalabrien
017 Gardasee, Trentino
110 Golf von Neapel, Kampanien
163 Istrien, Kvarner Bucht
128 Italien, Norden
005 Kroatische Adriaküste
167 Malta
155 Oberitalienische Seen
158 Piemont, Turin
014 Rom
165 Sardinien
003 Sizilien
203 Südtirol
039 Toskana
091 Venedig, Venetien

GRIECHENLAND/ZYPERN/TÜRKEI
034 Istanbul
016 Kreta
176 Türkische Südküste, Antalya
148 Zypern

MITTEL- UND OSTEUROPA
104 Baltikum
094 Danzig, Ostsee, Masuren
169 Krakau, Breslau, Polen Süden
044 Prag
193 St. Petersburg

ÖSTERREICH/SCHWEIZ
192 Kärnten
004 Salzburger Land
196 Schweiz
144 Tirol
197 Wien

SPANIEN/PORTUGAL
043 Algarve
093 Andalusien
150 Barcelona
025 Gran Canaria, Fuerteventura, Lanzarote
172 Kanarische Inseln
199 Lissabon
124 Madeira
174 Mallorca
007 Spanien Norden, Jakobsweg
118 Teneriffa, La Palma, La Gomera , El Hierro

SKANDINAVIEN/NORDEUROPA
166 Dänemark
153 Hurtigruten
029 Island
200 Norwegen Norden
178 Norwegen Süden
151 Schweden Süden, Stockholm

LÄNDERÜBERGREIFENDE BÄNDE
123 Donau – Von der Quelle bis zur Mündung
112 Freiburg, Basel, Colmar

AUSSEREUROPÄISCHE ZIELE
183 Australien Osten, Sydney
109 Australien Süden, Westen
195 Costa Rica
024 Dubai, Abu Dhabi, VAE
160 Florida
036 Indien
027 Israel, Palästina
111 Kalifornien
031 Kanada Osten
191 Kanada Westen
171 Kuba
022 Namibia
194 Neuseeland
041 New York
184 Sri Lanka
048 Südafrika
012 Thailand
046 Vietnam